Management moralischer Risiken in Unternehmen

Christian Schiel

Management moralischer Risiken in Unternehmen

Mit moderner Risiko Governance Vertrauen schaffen und Wettbewerbsvorteile sichern

 Springer Gabler

Christian Schiel
Berlin
Deutschland

ISBN 978-3-642-41380-3   ISBN 978-3-642-41381-0 (eBook)
DOI 10.1007/978-3-642-41381-0

Die Deutsche Nationalbibliothek verzeichnet diese Publikation in der Deutschen Nationalbibliografie; detaillierte bibliografische Daten sind im Internet über http://dnb.d-nb.de abrufbar.

Springer Gabler
© Springer-Verlag Berlin Heidelberg 2014

Lektorat: Eva-Maria Fürst

Gedruckt auf säurefreiem und chlorfrei gebleichtem Papier

Springer Gabler ist eine Marke von Springer DE. Springer DE ist Teil der Fachverlagsgruppe Springer Science+Business Media
www.springer-gabler.de

Vorwort

Globalisierung und Digitalisierung haben die Chancen für effiziente und gewinnträchtige Wertschöpfung enorm ausgeweitet. Unternehmen beziehen etwa ihre Vorprodukte, oft über mehrere Zwischenstationen, aus der ganzen Welt, und können oft zugleich am Computer ohne Zeitverlust den Weg nachverfolgen. Und sie können auf allen relevanten Ebenen neue Märkte erschließen.

Doch können das andere auch und damit nimmt zwingend der Wettbewerbsdruck zu. Das heißt, es gehen mit solchen Chancen unweigerlich auch mehr Risiken einher, auch aufgrund unvollständiger oder gar widersprüchlicher rechtlicher Rahmenbedingungen in verschiedenen Regionen oder wegen unterschiedlicher Kulturen.

Insofern ist es wenig erstaunlich, dass Themen wie Corporate Governance, Compliance oder CSR (Corporate Social Responsibility) rasant an Bedeutung gewonnen haben. Mit ihnen wird letztlich die Herausforderung angesprochen, komplexer gewordene Wertschöpfungsprozesse auch weiterhin so zu steuern und zu kontrollieren, dass es nicht zu Gefährdungen der „license to operate", d. h. der generellen Kooperationsbereitschaft von Stakeholdern kommt.

Allerdings sind die damit angesprochenen Themen nicht immer gut fassbar für die Praxis. Das gilt nicht zuletzt deshalb, weil es hierbei nicht nur und nicht primär um technische Zusammenhänge geht, die zwar komplex sein mögen, aber sich grundsätzlich gut berechnen lassen. Vielmehr spielen die Vorstellungen, Erwartungen, Präferenzen und Reflexionen der beteiligten Akteure eine zentrale Rolle, etwa darüber, was als legitim angesehen wird und was nicht.

Umso mehr besteht ein erhöhter Bedarf an Arbeiten, die sich der Strukturierung dieser komplexen Themenfelder annehmen und in einer substanziellen, d. h. theoretisch gehaltvollen und zugleich praxisorientierten Weise annehmen.

Eine solche Arbeit legt Christian Schiel hier vor. Er zeigt, dass dem Grundkonflikt von Gewinn und Moral eine größere Bedeutung für erfolgreiches Wirtschaften beizumessen ist, als oft unterstellt wird und dass die oft proklamierten einfachen Lösungen – der Konflikt ist unlösbar versus es gibt gar keinen Konflikt – verfehlt sind. Der Konflikt existiert und ist in einer Marktwirtschaft, in der Unternehmen unter dem Druck des Wettbewerbs agieren müssen, stets mindestens potenziell präsent, da es immer wieder Möglichkeiten gibt, Kosten zu senken bzw. Gewinne zu erzielen in einer Weise, die legitime Interessen Dritter verletzt; man denke nur an Korruption, Verletzungen von Menschenrechten oder Umweltverschmutzung.

Schiel rekonstruiert diesen Grundkonflikt als Ausgangspunkt der Notwendigkeit eines moralischen Risikomanagements. Zwar kommt es unausweichlich immer wieder zu Konflikten zwischen Moral und Gewinn, doch lassen sie sich durch effektive und verantwortliche Führung entschärfen oder ganz vermeiden. Schiel präzisiert diesen Gedanken, indem er den Umgang mit dem Grundkonflikt als Kernaufgabe eines Risikomanagementsystems darstellt und die Elemente dieses Risikomanagements, orientiert am COSO-Standard, vorstellt.

Damit liefert Schiel Instrumente dafür, wie dieser Konflikt für die Praxis greifbar gemacht werden kann. Das ist umso beachtlicher, da ein Teil der angesprochenen Risiken besonders schwierig zu erfassen sind; etwa im Fall unspezifischer Zuweisungen von Verantwortlichkeiten an Firmen durch die Öffentlichkeit, die durch die Reputationswirkung eine Auswirkung auf das Betriebsergebnis haben können.

Deshalb sei all jenen, die mit diesem Themenfeld befasst sind, dieses Buch als Lektüre empfohlen.

Leipzig, im Juli 2014   Andreas Suchanek

Inhaltsverzeichnis

Der Autor

 **Dr. Christian Schiel** studierte Betriebswirtschaftslehre mit dem Schwerpunkt Risikomanagement in Berlin und Lausanne. Seine Diplomarbeit zum Thema Risikomanagement in Pharmaunternehmen wurde 2008 mit dem BDVB Award des Bundesverbandes Deutscher Volks- und Betriebswirte ausgezeichnet.

Aufgrund von Vorlesungen und Seminaren, aber auch aufgrund realer Ereignisse, wie z. B. die aufgedeckten Bilanzfälschungen bei Enron, der Korruptionsskandal bei Siemens, die Rolle von Investmentbanken bei der Entstehung der weltweiten Bankenkrise, aber auch die Hintergründe der Ölkatastrophe im Golf von Mexiko, befasste er sich intensiver mit moralischen Risiken für Unternehmen und Gesellschaft. In vielen dieser Fälle beobachtete der Autor, dass Führungskräfte in der Praxis konfrontiert und zum Teil überfordert sind mit Spannungsfeldern zwischen moralischen Erwartungen der Gesellschaft an Unternehmen einerseits und den Bedingungen des globalen Wettbewerbs andererseits.

Im Rahmen seiner Promotion am Dr. Werner Jackstädt Lehrstuhl für Wirtschafts- und Unternehmensethik der Leipzig Graduate School of Management entwickelte er deshalb praktikable, alltagstaugliche und risikoorientierte Konzepte zum Management moralischer Spannungsfelder. Seine Dissertation „Moralisches Risikomanagement", auf der dieses Buch basiert, wurde mit magna cum laude bewertet.

Nach mehrjähriger Tätigkeit in der Industrie berät Christian Schiel heute Unternehmen bei der Konzeptionierung, Implementierung und Verbesserung von modernen Corporate Governance Lösungen.

Abkürzungen

Abb.	Abbildung
Abs.	Absatz
AktG	Aktiengesetz
BilMoG	Gesetz zur Modernisierung des Bilanzrechts
BilReG	Bilanzrechtsreformgesetz
CFP	Corporate Financial Performance
COSO	Committee of Sponsoring Organizations of the Treadway Commission
CSP	Corporate Social Performance
CSR	Corporate Social Responsibility
DCGK	Deutscher Corporate Governance Kodex
ebd.	ebenda
ERM	Enterprise Risk Management
et al.	und andere
EUR	Euro
f.	folgende
ff.	fortfolgende
HGB	Handelsgesetzbuch
H.i.O.	Hervorhebung im Original
Hrsg.	Herausgeber
IKS	Internes Kontrollsystem
ISO	International Organization for Standardization
KonTraG	Gesetz zur Kontrolle und Transparenz im Unternehmensbereich
S.	Seite
SOA	Sarbanes-Oxley Act
SRI	Socially Responsible Investment
TransPuG	Transparenz- und Publizitätsgesetz
USA	United States of America
vgl.	vergleiche

Abbildungsverzeichnis

Einführung zum Management moralischer Risiken in Unternehmen

1.1 Moralische Erwartungen im Kontext von Markt und Wettbewerb

Die moderne Gesellschaft stellt „größere, aber auch schlechter definierte Ansprüche" (Luhmann 2000, S. 85) an das Verhalten von Unternehmen und sieht diese zunehmend in der moralischen Verantwortung für die Lösung verschiedenster gesellschaftlicher Probleme, etwa im Rahmen des Umweltschutzes oder der Bekämpfung der Armut.[1] Aufgrund ihrer globalen Präsenz sowie ihrer finanziellen und organisatorischen Möglichkeiten werden insbesondere multinationale Konzerne als geeignete Adressaten für moralische Erwartungen bzw. Forderungen wahrgenommen. Neben ihrer vermeintlichen funktionalen *Fähigkeit* zur Lösung moralischer Probleme wird ihnen nicht selten eine normative *Verpflichtung* gegenüber der Gesellschaft unterstellt.[2] Die Erfüllung der an die Unternehmen adressierten moralischen Erwartungen wird zudem durch verschiedene, gut organisierte gesellschaftliche Gruppen zunehmend aktiv und nachdrücklich eingefordert.

Wenn Unternehmen moralische Erwartungen nicht erfüllen – ein Beispiel

Ein prominentes Beispiel hierfür sind etwa die Proteste gegen ist die Schließung einer Produktionsstätte des Unternehmens Nokia in Bochum. Die Sympathie großer Teile der Gesellschaft mit den betroffenen Mitarbeitern führte zu einem Boykott von Nokia Produkten und zu signifikanten Umsatzeinbußen für das Unternehmen.

---

[1] Vgl. beispielsweise Margolis und Walsh (2003, S. 268): „Companies are increasingly being asked to provide innovative solutions to deep-seated problems of human misery."

[2] Siehe beispielsweise Bernstein (2000).

© Springer-Verlag Berlin Heidelberg 2014
C. Schiel, *Management moralischer Risiken in Unternehmen*,
DOI 10.1007/978-3-642-41381-0_1

Zugleich sehen sich viele Unternehmen aufgrund der sich weiter beschleunigenden Globalisierungsdynamik mit zunehmend harten Wettbewerbsbedingungen konfrontiert. Dies führt vor allem deshalb zu Herausforderungen, da noch immer kein hinreichend stabiler und verlässlicher Ordnungsrahmen geschaffen wurde, der global gültige Wettbewerbsregeln und Standards (z. B. für Arbeitssicherheit oder Umweltschutz) für alle Unternehmen verbindlich definiert und wirksame Sanktionsmechanismen vorsieht.

Die Möglichkeiten der betroffenen Unternehmen, die an sie gestellten moralischen Erwartungen zu erfüllen, werden von diesen Bedingungen erheblich beeinflusst: „In today's hypercompetitive and socially conscious environment, managers face increasing pressures to balance shareholder value with societal welfare [...]. However, achieving this balance is often difficult for firms due to limited resources and competitive forces" (Mishra und Modi 2012, S. 3). Die Entscheidung, bestimmte gesellschaftliche Erwartungen nicht zu erfüllen, kann mitunter kurzfristig zu hohen Gewinnen führen, während ihre Erfüllung kurzfristig negative Auswirkungen auf die Wettbewerbsfähigkeit einzelner Unternehmen haben kann.[3] Wettbewerbsfähigkeit, sowohl kurzfristig als auch langfristig, ist jedoch eine zentrale Voraussetzung für die Erzielung von Gewinnen und damit für die nachhaltige Sicherstellung der Existenz eines Unternehmens.

Ein konstruktiver Managementansatz zum Umgang mit der beschriebenen Herausforderung setzt nun voraus, dass moralische Erwartungen und ökonomische Wettbewerbsbedingungen als gleichermaßen relevante Entscheidungsfaktoren erfasst werden. Denn die pauschale Zurückweisung moralischer Ansprüche mit Verweis auf die harten Wettbewerbsbedingungen hilft aller Voraussicht nach ebensowenig weiter wie das Wegdefinieren des Wettbewerbsmechanismus zur Durchsetzung altruistischen Verhaltens.

▶   Während also die Nichterfüllung von moralischen Erwartungen durch Unternehmen mit Risiken für das Gelingen von Kooperationsbeziehungen (*Kooperationsrisiken*), etwa mit Kunden, Mitarbeitern oder Regulierungsbehörden verbunden sein kann, muss bei ihrer Erfüllung mit Risiken für die Wettbewerbsposition des Unternehmens (*Wettbewerbsrisiken*), etwa hinsichtlich ihrer Kostenstruktur gerechnet werden. Der Umgang mit normativen gesellschaftlichen Erwartungen stellt folglich ein Spannungsfeld für Unternehmen dar, dessen Auflösung ein ***risikoorientiertes Vorgehen*** erfordert.

Trotz der offenbaren Notwendigkeit, diesem vermeintlichen Dilemma mit geeigneten Managementinstrumenten zu begegnen, darf keineswegs die Hoffnung genährt werden,

---

[3] Vgl. etwa Schreck (2011, S. 167 f.): „Clearly, there is no reason to assume unconditionally a positive relationship between corporate social and financial performance, as such an assumption would deny both the fact that socially irresponsible behavior does ‚pay off' in certain cases and that, in other cases, the cost of beyond-compliance behaviour is not outbalanced by future returns." Gesellschaftliche Erwartungen werden zudem nicht gleichermaßen nachdrücklich an alle Unternehmen einer Branche adressiert, sodass etwa Unternehmen mit wertvollen Marken mitunter stärker im Fokus stehen, wodurch sich Wettbewerbsrisiken tendenziell verschärfen.

Moralische Erwartungen

Risikomanagement
Compliance Management
Internes Kontrollsystem
Interne Revision

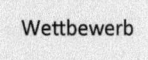
Wettbewerb

Abb. 1.1 Klassische Risiko Governance Funktionen zum Umgang mit moralischen Erwartungen unter Wettbewerbsbedingungen

moralische Spannungsfelder könnten durch konsequentes Nachhaltigkeitsmanagement umfassend und dauerhaft aufgelöst werden. Die dem marktwirtschaftlichen System immanente und in vielerlei Hinsicht durchaus positive Veränderungsdynamik wird aller Voraussicht nach immer neue potenzielle Konflikte zwischen moralischen Ansprüchen und ökonomischen Bedingungen hervorbringen. Doch nicht nur das wirtschaftliche Umfeld ist Treiber dieser Dynamik. Denn in gleichem Maße entwickeln und verändern sich auch die Erwartungen, die von der Gesellschaft oder einzelnen gesellschaftlichen Gruppen an Unternehmen adressiert werden.

Da die genannten Risiken also nicht vollständig vermeidbar sind, gilt es umso mehr, sie frühzeitig zu erkennen und die betrieblichen Steuerungs- und Überwachungssysteme für den nachhaltigen Umgang mit ihnen zu befähigen. Dies liegt aufgrund der beschriebenen möglichen wirtschaftlichen Auswirkungen von Kooperations- und Wettbewerbsrisiken im ureigenen Interesse eines jeden Unternehmens.

Viele Unternehmen treffen angesichts dessen entsprechende Maßnahmen unter dem Oberbegriff der Corporate Social Responsibility (CSR). Entsprechende Initiativen betreffen beispielsweise die Beschreibung, Entwicklung und Implementierung von Unternehmenswerten (Wertemanagement), die Implementierung von Umweltstandards in die Geschäftsprozesse (Umweltmanagement) oder die Bereitstellung von Mitteln zur Förderung gesellschaftlicher Anliegen (Corporate Philanthropy).

Es zeigt sich jedoch in der betrieblichen Praxis, dass Unternehmen die beschriebenen Initiativen scheinbar eher durch die Einrichtung zusätzlicher Stabsfunktionen abseits ihrer etablierten Steuerungs- und Kontrollfunktionen implementieren, als vorhandene Governanceinstrumente in geeigneter Weise zu adaptieren.[4]

Dies betrifft insbesondere die in Abb. 1.1 dargestellen klassischen Steuerungs- und Kontrollfunktionen.

Die methodische Weiterentwicklung dieser Instrumente zum Zweck ihrer Sensibilisierung und Befähigung für den Umgang mit moralökonomischen Spannungsfeldern ist bislang keineswegs zufriedenstellend. Besorgniserregend ist vor allem, dass die neu geschaffenen Wertemanagement-, Nachhaltigkeitsmanagement- und andere Funktionen in

---

[4] Siehe hierzu auch Schiel (2013).

der Regel nicht hinreichend in die betrieblichen Strukturen zur Identifikation, Bewertung, Steuerung und Berichtererstattung von Risiken eingebettet sind.

Es besteht die Gefahr, dass hierdurch einerseits signifikante Zuständigkeits-, Verfahrens- und Berichtslücken im Umgang mit moralischen Risiken bestehen. Zugleich kann auch die Möglichkeit überlappender Zuständigkeiten nicht ausgeschlossen werden, woraus wiederum die Gefahren des inkonsistenten Umgangs mit den genannten Risiken sowie übermäßiger Steuerungs- und Kontrollkosten resultieren.

Es wächst deshalb die Bedeutung von effektiven und zugleich effizienten Strukturen und Prozessen zur fortlaufenden Identifikation, Bewertung, Steuerung und Überwachung der beschriebenen Kooperations- und Wettbewerbsrisiken. Spiegelbildlich zum Umgang mit Risiken sollten Unternehmen auch Chancen identifizieren und nutzen, die sich nicht zuletzt aus der Unfähigkeit ihrer Wettbewerber ergeben, in einem globalen Wettbewerbskontext auf verantwortungsvolle, konstruktive und wertschöpfende Weise zur Erfüllung gesellschaftlicher Anliegen beizutragen.

1.2 Moralisches Risikomanagement als Gestaltungsaufgabe

1.2.1 Die Kompatibilität von Gewinn und Moral folgt keinem Automatismus

Der nachhaltige Umgang mit moralischen Erwartungen in einem globalen Wettbewerbskontext ist eine keineswegs triviale Aufgabe für Unternehmen und deren Führungskräfte. Fehler können – je nach getroffener Entscheidung – leicht zu schwerwiegenden Reputationsschäden oder zu signifikanten Wettbewerbsnachteilen führen.

Eine Grundvoraussetzung ist die Bereitschaft zur ernsthaften Analyse wichtiger Parameter, insbesondere:

- des Geschäftsmodells (Welchen Wert schafft das Unternehmen? Wie? Für wen?),
- der strategischen Erfolgsfaktoren (z. B. Innovation, Qualität, Vertrauen, etc.),
- der von der Unternehmenstätigkeit (positiv oder negativ) betroffenen Akteure (Kunden, Mitarbeiter, Anwohner, etc.) und ihrer Interessen,
- der betrieblichen Organisationsstrukturen (Aufbau- und Ablauforganisation),
- der Strukturen für Motivation und Entlohnung,
- der Governance Strukturen (z. B. Chancen- und Risikomanagement).

Vermeintliche Spannungen zwischen moralischen Erwartungen verschiedener gesellschaftlicher Gruppen und notwendigen Maßnahmen zur Sicherstellung der eigenen Wettbewerbsfähigkeit sind zwar nicht vollständig vermeidbar[5], jedoch in gewissem Umfang kontrollierbar: „self- and societal interests are not at odds but they do not automatically coincide in reality" (Lin-Hi und Blumberg 2012a, S. 19).

▶ Die Kompatibilität von Gewinn und Moral folgt keinem Automatismus, sie ist zu organisieren.[6]

Der öffentliche Diskurs bestimmter Unternehmenshandlungen beeinflusst in vielen Fällen deutlich die Bereitschaft von Kunden, Mitarbeitern, Regulierungsbehörden und anderen gesellschaftlichen Akteuren zur weiteren Zusammenarbeit mit den betroffenen Unternehmen. Diese erhalten folglich klare ökonomische Impulse, sich der notwendigen *Gestaltungsaufgabe* im betrieblichen Alltag vorausschauend und mit der gebotenen Ernsthaftigkeit zu stellen.

> **Diese Beispiele zeigen, dass Unternehmen moralische Erwartungen ernst nehmen sollten**
>
> Bekannte Beispiele wie die Standortverlagerung eines Nokia-Werkes von Bochum nach Rumänien, die Schließung verschiedener Werke des Unternehmens Continental AG, unter anderem in Hannover, oder die Diskussion um die moralische Angemessenheit von hohen Bonuszahlungen im Investment Banking lassen die ökonomische Relevanz der moralischen Beurteilung von Unternehmenshandlungen durch andere Akteure inzwischen deutlich erkennen.

Der Weg zur Vereinbarung von Gewinn und Moral führt jedoch keineswegs allein über gute Kommunikationsstrategien und hohe Spendenbudgets, welche häufig lediglich der Inszenierung positiver Unternehmensaspekte dienen während sie den Blick auf mögliche unverantwortliche Handlungen oder Zustände verstellen. Er führt stattdessen im Kern über Investitionen in geeignete Anreiz-, Steuerungs- und Kontrollstrukturen sowie in wirksame und glaubwürdige Selbstbindungsmechanismen. Lin-Hi und Suchanek (2011a, S. 65) sehen im „proaktiven Umgang" mit Konflikten zwischen Gewinn und Moral den Kern der gesellschaftlichen Verantwortung von Unternehmen.

▶ Eine Unternehmensführung kann damit immer dann als unverantwortlich bezeichnet werden, wenn den aktuellen oder potenziellen Konflikten zwischen Gewinn und Moral nicht die gebührende Aufmerksamkeit gewidmet wird bzw. diese nicht erkannt werden (Lin- Hi und Suchanek 2011a, S. 65).

---

[5] Mögliche Interessenkonflikte bestehen nicht nur zwischen Unternehmen und externen Akteuren, sondern auch zwischen verschiedenen Anspruchsgruppen. Clarkson (1995) bietet eine beispielhafte Auflistung möglicher Interessen und Interessenkonflikte verschiedener Stakeholder.

[6] Vgl. etwa Lin-Hi und Blumberg (2011, S. 571): „To resolve the tension between short- and long-term objectives, good institutions are required that provide incentives for sustainable behavior without endangering corporations' short-term competitiveness."

Die sich aus dem Umgang mit dieser Verantwortung ergebenden Chancen und Risiken werden in der wirtschaftsethischen Literatur bislang jedoch nur am Rande beachtet: „many ethical theories have surprisingly little to say about risk" (Espinoza und Peterson 2012, S. 8). Aufgrund dessen bietet sie weder hinreichende Orientierungspunkte noch konkrete Instrumente, um Unternehmen und deren Führungskräfte zum professionellen Umgang mit moralischen Risiken zu befähigen.

▶   Unternehmen stehen vor der Herausforderung, die in philosophischen, religiösen oder soziologischen Diskursen geprägten Verantwortungskonzepte in einen operationalisierbaren Managementkontext zu überführen.

Eine konkrete Herausforderung für das Management besteht darin, moralphilosophische Verantwortungskonzepte anschlussfähig an betriebswirtschaftliche Grundbegriffe zu machen. Dazu zählt insbesondere der *Begriff des Gewinns*.

Sofern die in Philosophie und Ökonomie jeweils verwendeten Orientierungspunkte, beispielsweise Selbstlosigkeit versus Gewinnmaximierung, miteinander nicht kompatibel sind, entsteht für die handelnden Akteure letztlich ein ernstzunehmendes Orientierungsproblem. Manager sehen sich dann in einem vermeintlichen Zielkonflikt zwischen der ökonomischen Ratio der Gewinnmaximierung und im Namen der Moral postulierten Forderung nach Mäßigung und Selbstlosigkeit.

Dieses Orientierungsproblem verschärft sich weiter, sofern die Alltagswelt der Unternehmen und ihre grundlegenden Rahmenbedingungen keine angemesse Berücksichtigung bei der Formulierung moralischer Forderungen finden. Wichtige Faktoren sind insbesondere:

• Ressourcenknappheit,
• Unsicherheit,
• Wettbewerb,
• Lückenhafte Ordnungsrahmen.

Aufgrund fehlender konsistenter Orientierungspunkte sehen sich viele Manager mit der Frage konfrontiert, wie scheinbar gegensätzliche Ziele, beispielsweise die Erfüllung moralischer Erwartungen und die Gewinnmaximierung, simultan verfolgt werden können. Aufgrund dieses vermeintlichen Zielkonflikts sind in der Praxis zwei Arten von *Vermeidungsstrategien im Umgang mit moralischen Erwartungen* beobachtbar.

Vermeidungsstrategie 1: Inszenierung durch Kommunikation
Die erste Vermeidungsstrategie zielt darauf ab, moralischen Erwartungen mit einem reinen Kommunikationskonzept zu begegnen, welches zur Steigerung der Glaubwürdigkeit gegebenenfalls durch symbolische Maßnahmen ergänzt wird. Es wird dabei jedoch vermieden, das eigene Kerngeschäft tatsächlich mit den an das Unternehmen adressierten Forderungen

und Erwartungen kompatibel zu machen.[7] Margolis und Walsh (2003, S. 37 f.) fordern deshalb einen wissenschaftlichen Beitrag zur Befähigung von Unternehmen zum professionellen Management ihrer gesellschaftlichen Verantwortung: „Organization theory and research may illuminate how organizations can move closer to actual fulfillment of those responsibilities, rather than the mere appearance of doing so."

Vermeidungsstrategie 2: Wohltätigkeit
Die zweite Vermeidungsstrategie ist auf die bereitwillige Erfüllung jeglicher moralischer Erwartungen ausgerichtet, um drohende Reputationsschäden proaktiv zu vermeiden. Hierbei wird jedoch häufig der Bezug zur eigentlichen Geschäftstätigkeit des Unternehmens verstellt und entsprechende Initiativen (z. B. Spenden für gemeinnützige Zwecke) völlig losgelöst davon organisiert. Griese und Zeiss (2012, S. 4) beobachten, dass „die Übersetzung einer bedeutsamen, gesellschaftlichen Entwicklung in ein konkretes betriebswirtschaftliches Modell für Unternehmen eine große Herausforderung [darstellt]."[8] Mangels konkreter Modelle müssen sie sich stattdessen häufig mit der „Formulierung allgemeiner Gründe" (Griese und Zeiss 2012, S. 4) für Umweltschutz, Nachhaltigkeit oder soziales Engagement begnügen. Diese allgemeinen Gründe führen nicht selten zu einer Vielfalt an Initiativen zur Förderung verschiedenster gesellschaftlicher Anliegen. Moral wird hierbei häufig sehr einseitig als Wohltätigkeit verstanden. Der Umstand, dass jeder Anschein eines versteckten kommerziellen Interesses vermieden werden soll und entsprechende Nachhaltigkeitsinitiativen deshalb bewusst abseits der eigenen Geschäftstätigkeit stattfinden, führt in der Praxis jedoch nicht selten dazu, dass sich Unternehmen mit dem *Vorwurf des Greenwashings* konfrontiert sehen.

Greenwashing beschreibt laut der US amerikanischen Non-Profit Organisation CorpWatch das Phänomen, dass sozial oder ökologisch destruktive Unternehmen versuchen, ihre Marktposition und ihren Einfluss zu erweitern, indem sie ihre vermeintliche Umweltfreundlichkeit inszenieren.[9] Ein in diesem Zusammenhang häufig genanntes Beispiel sind die öffentlichkeitswirksamen Maßnahmen des Unternehmens BP seit dem Jahr 2005 zur strategischen Neuausrichtung unter Nachhaltigkeitsgesichtspunkten, kommuniziert mit dem Stichwort „beyond petroleum". Die Ernsthaftigkeit dieses Vorhabens wurde spätestens seit dem Unglück auf der Ölplattform Deepwater Horizon im Jahr 2010 in Frage gestellt, in dessen Folge dem Unternehmen massive Verstöße gegen Sicherheitsvorschriften vorgeworfen wurden.

Ein rein altruistisches Verständnis von Moral, das jegliche individuellen Vorteilserwägungen ablehnt, ist zudem nur schwer in einen operationalisierbaren Managementkontext überführbar, da es die Anschlussfähigkeit an zentrale Managementbegriffe, insbesondere an den Gewinnbegriff, bewusst unterbindet. Ein konsistentes Verständnis der gesellschaft-

---

[7] Siehe hierzu auch Schiel (2013).

[8] Die Autoren beziehen sich dabei konkret auf den Aspekt der Nachhaltigkeit. Ohne Weiteres ist diese Einschätzung jedoch auf die hier diskutierten Probleme übertragbar.

[9] Vergleiche CorpWatch (2014).

lichen Verantwortung von Unternehmen zum Umgang mit Konflikten zwischen Gewinn und Moral ist vor diesem Hintergrund eine entscheidende Voraussetzung. Maßnahmen zum Management moralischer Erwartungen unter Wettbewerbsbedingungen können sonst weder effektiv im Sinne der umfassenden Steuerung moralischer Risiken, noch effizient im Sinne des wirtschaftlichen Einsatzes betrieblicher Mittel und damit aus gesellschaftlicher Sicht nicht nachhaltig sein.

In diesem Zusammenhang sei auch auf die Gefahr hingewiesen, dass die Priorisierung moralischer Spannungsfelder entsprechend des befürchteten Reputationsschadens eher auf eine Erfüllung von Partikularinteressen einflussreicher gesellschaftlicher Gruppen hinausliefe, als auf einen ganzheitlichen Umgang mit moralökonomischen Spannungsfeldern. Eine wirkliche normative Perspektive kann erst durch die Berücksichtigung der Auswirkungen von betrieblichen Entscheidungen auf alle betroffenen Akteure entstehen.

▶ Die beschriebenen Vermeidungsstrategien bergen jeweils die Gefahr, dass Unternehmen *relevante Inkonsistenzen*[10] zwischen (moralischen) Erwartungen der Gesellschaftsmitglieder und ihrem Handeln unter (ökonomischen) Bedingungen mit dem vorhandenen Managementinstrumentarium nicht ausreichend kontrollieren und steuern können und so leicht in eine Überforderungssituation geraten. Aus der Sicht der betroffenen Unternehmen stellen solche Inkonsistenzen *Chancen und Risiken* für die Gestaltung von Geschäftsbeziehungen mit Kunden, Mitarbeitern, Lieferanten, Aufsichtsbehörden und anderen Akteuren dar.

1.2.2   Drei Ebenen für die Steuerung moralischer Risiken

Ein nachhaltiger Umgang mit Konflikten zwischen Gewinn und Moral kann weder allein durch Verzicht auf jeglichen Gewinn noch allein durch pauschale Zurückweisung moralischer Forderungen erfolgen.

Aufgrund der dilemmatischen Entscheidungssituation, der sich viele Führungskräfte hierbei ausgesetzt sehen, ist stattdessen eine differenzierte und situationsabhängige Vorgehensweise erforderlich. Obwohl ein „One-fits-all" Ansatz also wenig aussichtsreich erscheint, gibt es dennoch standardisierte Managementmethoden, die Orientierung bieten und bei der Wahl geeigneter Instrumente unterstützen können.

▶ Um wirkungsvoll und zugleich ressourceneffizient zu sein, muss moralisches Risikomanagement auf der richtigen methodischen Ebene erfolgen. Dies bedeutet, dass Frühwarnsysteme und Steuerungsmaßnahmen nicht pauschal, sondern problemspezifisch zu implementieren sind.

---

[10] Anstelle von Inkonsistenzen kann auch von Diskrepanzen oder Konflikten gesprochen werden. Siehe hierzu auch Suchanek und Broock (2011) sowie Suchanek (2012a).

Nur so können unangemessene Steuerungs- und Kontrollkosten vermieden, die Leistungsfähigkeit des Unternehmens gesteigert und die Akzeptanz der betroffenen Mitarbeiter gesteigert werden. Und gerade die Akzeptanz der Mitarbeiter ist von grundlegender Bedeutung für jeglichen Ansatz zur Steuerung moralischer Risiken.

Im Rahmen der Erarbeitung eines Leitbildes für verantwortliches Handeln in der Wirtschaft beschreiben Suchanek und Broock (2011) drei methodische Ebenen für den Umgang mit moralischen Spannungsfeldern:

Ebene 1: Spielzugebene

Die Spielzugebene beschreibt ein Umfeld, in dem die das eigene Handeln begrenzenden Rahmenbedingungen (z. B. Gesetze, Wettbewerb, Nachfrageverhalten etc.) kurzfristig als gegeben und nicht veränderbar angenommen werden. Trotz dieser Beschränkungen können Führungskräfte geeignete Strategien zum Umgang mit Risiken innerhalb des gegebenen Handlungsrahmens definieren. Hierbei spielt die Wahl der Märkte, der angebotenen Produkte und Leistungen sowie das Vertriebsmodell eine wesentliche Rolle, denn bestimmte Risiken resultieren bereits unmittelbar oder mittelbar aus diesen Entscheidungen.

Praxisbeispiel zur Spielzugebene

Der Korruptionsskandal bei Siemens verdeutlicht, dass Korruption im Geschäft mit Infrastrukturprojekten in vielen Absatzmärkten weit verbreitet ist. Aufgrund der globalen Dimension des Problems und des enormen Wettbewerbsdrucks ist es für viele Unternehmen schwer, sich dem durch individuellen Verzicht auf „Zuwendungen im Geschäftsverkehr" zu entziehen. Auch branchenweite und internationale Ansätze zur politischen Bekämpfung von Korruption blieben bislang wenig wirkungsvoll. Neben der Einführung eines formalen Compliance Management Systems reagierte Siemens hierauf mit einer Fokussierung seiner Wettbewerbsstrategie auf die Schaffung von technologischen und anderen Wettbewerbsvorteilen, die nicht auf Korruption beruhen, um den vermeintlichen Nachteil durch Verzicht auf Korruption kompensieren zu können.

Ebene 2: Regelebene

Die Regelebene umfasst alle Maßnahmen zur Steuerung individuellen Verhaltens durch formalisierte oder implizit gelebte Regeln, Vorschriften und Standards. Diese können unter anderem gesetzliche Regeln, Branchenregeln oder unternehmensinterne Vorschriften umfassen. Unternehmen versuchen etwa das Verhalten ihrer Mitarbeiter über Verhaltensrichtlinien („Code of Conduct"), Regeln zur Vergütung und Motivation, Regeln zur Annahme von Geschenken etc. zu steuern.

Praxisbeispiel zur Regelebene

Fälle von unangemessener Beeinflussung der Entscheidungen von medizinischem Fachpersonal durch Pharmareferenten haben in der Vergangenheit zu einem massiven Vertrauensverlust der Pharmaindustrie geführt. Um dem entgegenzuwirken und zugleich gesetzliche Vorschriften zu vermeiden, wurde im Rahmen einer branchenweiten

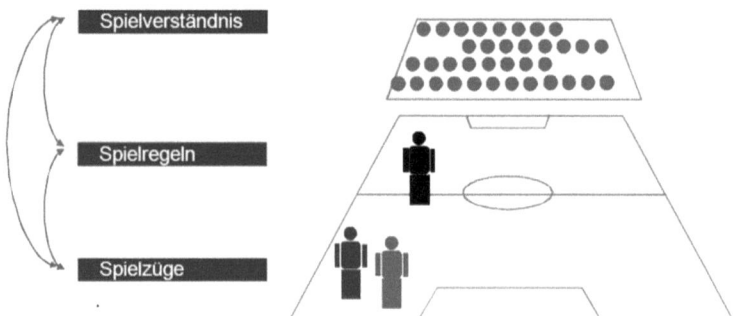

Abb. 1.2 Drei Ebenen-Modell nach Suchanek und Broock

Initiative zur freiwilligen Selbstkontrolle der Arzneimittelindustrie ein umfangreiches Compliance Regelwerk geschaffen, welches detaillierte Vorschriften zum Umgang mit medizinischen Fachkreisen, Patienten und anderen relevanten Gruppen sowie zur formalen Dokumentation der Interaktion mit ihnen enthält.

Ebene 3: Spielverständnisebene
Die Ebene des Spielverständnisses reflektiert, dass Regeln allein noch keine vertrauensvollen Beziehungen zu Kunden und anderen Stakeholdern gewährleisten können: „Es sind immer Menschen, die Regeln befolgen oder nicht befolgen, die Gesetzesverstöße als solche melden oder nicht melden, die das Gesetz in die eine oder andere Richtung auslegen und dabei manchmal auch überdehnen. Anders gesagt: Die gleiche Vorschrift wird zu unterschiedlichen Konsequenzen führen in Abhängigkeit vom ‚Spielverständnis' des Adressaten".[11]

Praxisbeispiel zur Spielverständnisebene

Im März 2012 äußerte sich ein ehemaliger leitender Angestellter von Goldman Sachs öffentlichkeitswirksam in der New York Times über die Gründe seines Ausscheidens aus dem Unternehmen. Im Mittelpunkt der Kritik stehen insbesondere der Umgang des Unternehmens mit Kundeninteressen und seine Strategien zur Gewinnerzielung: „To put the problem in the simplest terms, the interests of the client continue to be sidelined in the way the firm operates and thinks about making money."[12]

Abbildung 1.2 gibt einen Überblick über das Zusammenwirken der drei beschriebenen Ebenen zum Umgang mit moralischen Konflikten und Spannungsfeldern.

Es ist entscheidend zu verstehen, dass zunächst die Ursache des Spannungsfeldes zu identifizieren und zu beschreiben ist, bevor sinnvolle Maßnahmen zu dessen Auflösung ausgewählt werden können. So erscheint es beispielsweise wenig aussichtsreich, vom

---

[11] Suchanek und Broock (2011, S. 6).
[12] Vgl. New York Times (2012).

Vertriebsmitarbeiter einer Bank zu verlangen, seine Kunden umfassend und unabhängig zu beraten, wenn die Vergütungssysteme der Bank systematisch auf den Vertrieb von
Produkten mit hohen Gebühren und Provisionen und unabhängig vom Kundeninteresse
ausgerichtet sind.

Probleme mit den richtigen Maßnahmen lösen

Das zuvor beschriebene Beispiel des Mitarbeiters der Bank Goldman Sachs, der sich in
einem Brief an die Öffentlichkeit wendet, zeigt dass der Handlungsspielraum des Einzelnen in manchen Fällen nicht ausreicht, um systematische und strukturelle Missstände
zu überwinden. Die Wahl des offenen Briefes zeigt dabei, dass er eine sinnvolle Problemlösung nicht auf der Ebene des Mitarbeiters oder der Bank sieht, sondern auf der
Ebene gesellschaftlich zu etablierender und branchenweit gültiger Regeln.

1.2.3   Inventar verfügbarer Instrumente des CSR Managements und des Wertemanagements

1.2.3.1   Möglichkeiten und Grenzen von CSR Management Ansätzen

Die Konzeption von Corporate Social Responsibility (CSR) als Instrument für das Management von Risiken basiert auf dessen Bedeutung für den Aufbau und den Erhalt der
Unternehmensreputation: „CSR is best seen as the management of risk, as the avoidance
of damages to the company's reputation." (Minor 2011, S. 2). Risikomanagement befasst
sich in diesem Zusammenhang häufig mit Verhaltensänderungen relevanter Stakeholder in
Reaktion auf unethische Unternehmenshandlungen. Francis und Armstrong (2003, S. 17)
formulieren exemplarisch: „a risk management strategy is a commitment to ethics in an
organisation. Risk management in this context addresses the threats posed by unethical
decisions in relation to an organisation's stakeholders". Das hier noch vage formulierte
„commitment to ethics" wird in verschiedenen Ansätzen durch diverse CSR Maßnahmen
konkretisiert und operationalisiert. Im Folgenden werden verschiedene Ansätze vorgestellt,
die den Einsatz von *CSR als Chancen- und Risikomanagementinstrument* und dessen Wirkung auf die Parameter des Unternehmenserfolges präzisieren. Der Begriff CSR wird dabei
mitunter inhaltlich sehr verschieden verstanden. Je nach gewähltem Ansatz kann der Fokus
zudem stärker auf der Realisierung von Chancen oder auf der Vermeidung von Risiken
liegen.

Das Argument der Realoptionen

Husted (2005) argumentiert, dass CSR-Aktivitäten dem Unternehmen zusätzlichen Spiel-
raum bei Entscheidungen und Handlungen verschaffen. Dadurch sinken sowohl die
Wahrscheinlichkeit als auch das mögliche Ausmaß negativer Unternehmensentwicklun-
gen, insbesondere in Krisensituationen. CSR wird bei Husted deshalb als proaktives
Instrument des Risikomanagements verstanden, dessen Wert sich aus der Schaffung

und dem Erhalt von Handlungsoptionen und damit von strategischer Flexibilität für das Management ergibt. Im Risikomanagement werden Optionen als Instrument zur Absicherung gegen negative Entwicklungen verstanden: „options are a tool of risk management because they limit ‚downside' outcomes" (Husted 2005, S. 176). Husted wendet nun das Konzept der Realoption auf CSR-Aktivitäten von Unternehmen an: „corporate social responsibility is a kind of real option" (Husted 2005, S. 176). Er argumentiert, dass Unternehmen sich durch proaktives CSR Engagement Handlungsspielräume bei der Interaktion mit ihren Stakeholdern verschaffen und spricht konkret von „goodwill fostered by CSR investments within the community and among consumers" (Husted 2005, S. 178). Eröffnen Stakeholder dem Unternehmen also aufgrund ihrer positiven Einstellungen Handlungsspielräume, können diese vom Unternehmen bei Bedarf, beispielsweise zur Entwicklung des operativen Geschäfts, genutzt werden. Diese Spielräume gewinnen demnach insbesondere im Falle von Unternehmenskrisen enorm an strategischem Wert, der sich letztlich auch im finanziellen Unternehmenserfolg widerspiegeln sollte. Zusammengefasst sind Realoptionen in diesem Ansatz als proaktives Risikomanagementinstrument zu verstehen, dessen Zweck in der Eröffnung von Handlungsspielraum für strategische und operative Managemententscheidungen liegt.

Das Versicherungsargument
Eine weitere Möglichkeit des Einsatzes von CSR als Risikomanagementinstrument basiert auf einer Versicherungslogik: „Just as the purchase of other forms of insurance are considered sound management practice, so too is the purchase of insurance through reputation." (Peloza 2005, S. 29).[13] Durch CSR Aktivitäten können Unternehmen demnach einen Puffer schaffen, der etwa im Falle des Auftretens eines Unternehmensskandals die Beziehung zu verschiedenen Stakeholdern schützt. Insbesondere soll CSR das Urteils- und Sanktionierungsverhalten der Stakeholder für das Unternehmen mäßigen beziehungsweise positiv beeinflussen: „[CSR activity] leads to positive attributions from stakeholders, who then temper their negative judgments and sanctions toward firms" (Godfrey et al. 2009, S. 425). Reputationskapital soll demnach dazu dienen, die Auswirkungen der Verletzung von Stakeholderinteressen durch das Unternehmen abzumildern. In diesem Sinne ist CSR ein strategisches Instrument zur Reduzierung des Ausmaßes von sozialen Beziehungsrisiken durch proaktive Schaffung von Reputationskapital (Peloza 2006). Im Fokus steht dabei die positive Beeinflussung der Einstellung von Stakeholdern zum Unternehmen: „moral reputational capital has value [...] because it disposes stakeholders to hold beliefs about the firm that can influence the types of actions those stakeholders engage in" (Godfrey 2005, S. 783). Kosten für CSR Aktivitäten können demnach als Prämie für Versicherungsschutz gegen den Verlust von Reputations beziehungsweise Moralkapital bei relevanten Stakeholdern verstanden werden: „Expenditures on [CSR] can be thought of as an insurance premium. In normal times, this simply reflects a pure cost; however, when an incident

---

[13] Vgl. auch Godfrey (2005, S. 781): „positive moral capital [...] provides the firm with insurance-like protection for its relationship-based intangible assets".

arises, the firm is insured [. . .] saving the firm money, avoiding regulatory scrutiny, and preserving the value of its brand" (Minor und Morgan 2011, S. 44).

Das Argument des präventiven Schadensersatzes

CSR wird mitunter auch verstanden als Ausgleich für unverantwortliches Handeln von Unternehmen, etwa im Zusammenhang mit ihrem Geschäftsmodell: „companies engage in corporate social responsibility (CSR) in order to offset corporate social irresponsibility (CSI)." (Kotchen und Moon 2011, S. 16). Dem liegt die Sichtweise zugrunde, dass vermeintliche unverantwortliche Handlungen oder Handlungsfolgen aufgrund von branchenspezifischen Besonderheiten, etwa der Rüstungs- oder der Tabakindustrie, nicht vermieden werden können, ohne das Geschäftsmodell in Frage zu stellen oder nicht vermieden werden sollen, um die Profitabilität des Unternehmens kurzfristig nicht zu gefährden. Um öffentlichkeitswirksamem Protest durch die Betroffenen vorzubeugen, hoffen Unternehmen, durch CSR Maßnahmen präventiven Schadensersatz leisten zu können und ihr Geschäftsmodell dadurch präventiv zu legitimieren. Empirische Beobachtungen zeigen, dass Unternehmen aus Branchen, die von der Öffentlichkeit stärker mit unverantwortlichem Handeln assoziiert werden, tendenziell höhere CSR Aktivitäten für die Förderung sozialer oder ökologischer Belange aufweisen: „when companies do more ‚harm' they also do more ‚good'. [. . .] the effect of CSI on CSR appears to be stronger in industries where CSI tends to be the subject of greater public scrutiny" (Kotchen und Moon 2011, S. 16).

Andere Autoren versuchen zu verstehen, wie die beschriebenen Risikomanagementfunktionen von CSR in ihrer Wirkung verstärkt werden können. Bebbington et al. (2008) untersuchen beispielsweise in einer empirischen Studie, ob CSR Reporting, also die öffentliche Berichterstattung von Unternehmen über ihre sozialen und ökologischen Aktivitäten, aktiv für das Risikomanagement ihrer Reputation instrumentalisiert wird: „One emerging explanation for CSR reporting [. . .] is that it could be conceived as both an outcome of and part of reputation risk management [. . .] processes." (Bebbington et al. 2008, S. 338). Am Beispiel des CSR Reports des Unternehmens Shell aus dem Jahr 2002 betrachten die Autoren das verwendete Vokabular, die Struktur der Argumentation, thematische Schwerpunkte und mögliche Suggestion von Zusammenhängen und finden Indizien, die eine Instrumentalisierung für das Risikomanagement nahe legen. Unerman (2008) bestätigt diese Ergebnisse und betont explizit die *strategische* Bedeutung von CSR als Risikomanagementinstrument.

Grenzen des CSR Ansatzes

Moral wird in der CSR Literatur häufig verstanden als Bereitschaft eines Unternehmens zur Berücksichtigung von Stakeholderinteressen und zur Aufwendung betrieblicher Mittel für CSR. Moral wird folglich als Chancen- und Risikofaktor für die Möglichkeiten der Gewinnerzielung eines Unternehmens angesehen. Ausgehend vom Ziel der individuellen Gewinnmaximierung werden in den beschriebenen Ansätzen verschiedene Arten von freiwilligem sozialem Verhalten hinsichtlich ihrer Bedeutung für die Erreichung des Gewinnziels analysiert. Hieraus ergeben sich verschiedene Probleme, die die Eignung des Ansatzes als Basis für das Risikomanagement von Spannungsfeldern zwischen Gewinn und Moral erschweren.

Ein zentraler Schwachpunkt der beschriebenen CSR Ansätze für moralisches Risikomanagement ist die fehlende gesamtgesellschaftliche Perspektive. Gerade aus der Frage der gesellschaftlichen Legitimität erwachsen jedoch bedeutsame Quellen von Chancen und Risiken für den nachhaltigen Unternehmenserfolg. „Wenn im Rahmen der Stakeholderorientierung die Rede von legitimen Interessen ist, so bezieht sich dies im Regelfall auf die instrumentelle Legitimität von – wie man es nennen könnte – bilateralen Interessen." (Lin-Hi 2009, S. 21). Moral wird dabei nur insoweit als erstrebenswert angesehen, wie sie der Erzielung von Gewinnen, etwa im Rahmen von Win-Win Situationen, für die unmittelbar beteiligten Akteure (z. B. für das Unternehmen und seine Kunden) dient. Hiervon potenziell negativ betroffene Dritte (z. B. Kinderarbeiter, von Umweltverschmutzung betroffene Anwohner, etc.) stehen nicht im Fokus der Analyse. Sofern jedoch die Rolle von Unternehmen für die Gesellschaft insgesamt und der Nutzen konkreter Geschäftsmodelle für *alle davon betroffenen Akteure* (Suchanek 2007) nicht systematisch hinterfragt werden, können strategische Risiken für den nachhaltigen Fortbestand von Unternehmen unbemerkt bleiben.

Grenzen der CRS in Unternehmen

Ein Beispiel hierfür ist die öffentliche Debatte in zahlreichen Ländern über die gesellschaftliche Vorteilhaftigkeit des Geschäftsmodells von Investmentbanken im Zusammenhang mit der Finanzkrise seit 2008. Der Vorwurf, dass deren hohe Gewinne in der Vergangenheit im Wesentlichen auf der Externalisierung von Risiken basieren, führte zu umfangreichen regulatorischen Initiativen und entsprechenden Risiken für das bisherige Geschäftsmodell. Das häufig vorgebrachte Argument, Banken hätten in der Vergangenheit enorme Summen für *gute Zwecke* gespendet, kann jedoch nicht über die grundlegende Kritik am Geschäftsmodell hinwegtäuschen.

Weiterhin besteht die konkrete Gefahr, dass Managementansätze allein auf die Identifikation von sensiblen Themen und Trends und die Entwicklung einer geeigneten inhaltlichen Positionierung ausgerichtet, jedoch die Quellen moralischer Risiken nicht strukturell erfasst und gesteuert werden. Zudem ist zu bedenken, dass moralische Forderungen nicht allein deshalb bereits irrelevant sind, weil sie von den Betroffenen nicht laut genug artikuliert werden. In diesem Zusammenhang sei auch auf eine der grundlegenden Diskussionen im Bereich der Stakeholder Theorie verwiesen, nämlich auf die Frage, wer überhaupt als Stakeholder gilt und wodurch Stakeholder sich von anderen Akteuren unterscheiden (Mitchell et al. 1997). Die Stakeholder Theorie ist in weiten Teilen geprägt von der Unterscheidung zwischen relevanten und irrelevanten Teilöffentlichkeiten sowie zwischen relevanten und irrelevanten Forderungen. Aus der Unternehmensperspektive entsteht hierdurch ein Orientierungsproblem hinsichtlich der Frage, nach welchen Kriterien die Relevanz von Akteuren und deren Forderungen und Interessen zu beurteilen sind.

Ein weiteres Problem ist die mangelnde Qualifizierung und Strukturierung möglicher Chancen- und Risikofaktoren. Das Konzept der Unternehmensreputation ist ein Sammelbecken zur indirekten Erklärung von Wirkungszusammenhängen zwischen Handlungen und deren Folgen. CSR als Risikomanagementinstrument dient der Identifikation einer unbegrenzten Zahl von reputationswirksamen Faktoren, denen in ihrer Gesamtheit letztlich Auswirkungen auf den finanziellen Unternehmenserfolg zugeschrieben werden sollen. Um letztlich dennoch konkrete Risikofaktoren ableiten zu können, verfolgen zahlreiche Studien den Ansatz, das Ausmaß der CSR Aktivitäten zu quantifizieren und den dabei ermittelten finanziellen Aufwand dem erzielten Reputations- oder Ergebniseffekt gegenüber zu stellen. Aus den dabei gemessenen Zusammenhängen können letztlich jedoch keine hilfreichen Gestaltungsimpulse abgeleitet werden, da nicht der Erfolg bestimmter Maßnahmen, etwa der Optimierung interner Kontrollstrukturen, gemessen wird, sondern der Erfolg der monetären Summe aller reputationsrelevanten Aktivitäten. Die hieraus abgeleiteten Risikomanagementansätze bieten deshalb nur begrenzt Gestaltungsimpulse. Es findet in den meisten Fällen keine inhaltliche Beschreibung der strukturellen Voraussetzungen für gelingende Beziehungen mit Kunden, Mitarbeitern oder anderen Stakeholdern statt, sodass letztlich auch kein *risikoorientiertes Konzept der Unternehmensverantwortung* entstehen kann.

1.2.3.2 Möglichkeiten und Grenzen von Wertemanagement Ansätzen

In der wertebasierten Theorie der Governance-Ethik entfaltet Moral ihre Wirkung durch moralische Anreize im Rahmen gesellschaftlicher Prozesse der Achtungskommunikation. Hierbei werden Achtung oder Missachtung über die erreichte moralische Dimension einer Handlung zum Ausdruck gebracht und einer verantwortlichen Person oder einem Unternehmen zugerechnet. Da sich moralische Urteile auf das Verhalten der Urteilenden (z. B. Kunden, Mitarbeiter, etc.) auswirken können, entstehen für Unternehmen materielle Anreize zu wertekonformem Verhalten. Wieland (2005, S. 270) spricht hier von „ökonomischen Konsequenzen moralischer Kommunikation".

Da es sowohl um moralische als auch um ökonomische Anreize geht, spricht Fürst (2005, S. 21) von „moralökonomischen Risiken". Sie entstehen demzufolge durch schlechtes Management moralökonomischer Anreize der Gesellschaft durch Unternehmen. Die Ursache für moralökonomische Risiken liegt demnach hauptsächlich im (nicht wertekonformen) Verhalten von Unternehmen und deren Mitarbeitern. Fürst (2005, S. 29) spricht in diesem Zusammenhang von „[risikogefährdetem] Handeln und Verhalten der Mitarbeiter". Als mögliche ökonomische Konsequenzen nicht wertekonformen Verhaltens nennt Fürst (2005, S. 29) den Verlust von Kapital, etwa durch Sanktionierung oder durch Reputationsschäden.

Fürst (2005, S. 48) ordnet den Gegenstand des moralischen Risikos damit systematisch „auf der Handlungsebene im Verhalten von Akteuren" ein. Es gilt, die eigenen Handlungen so zu koordinieren, dass moralökonomischen Anreizen gefolgt werden kann.

Moralische Werte werden als gegebene Konstanten nicht hinterfragt
Moral wird inhaltlich in Form der *moralischen Hintergrundannahmen* implizit als gegeben und den Akteuren bekannt angesehen. Somit besteht Potenzial für mögliche Risiken ausschließlich bezüglich möglicher Verstöße von Mitarbeitern gegen *gesellschaftlich relevante moralische Werte* (Wieland und Fürst 2002, S. 33). Der Gegenstandsbereich des

moralischen Risikomanagements wird daher „im Handeln eines – auch kollektiven – Akteurs verortet, das auf diesen zurechenbar und durch diesen verantwortbar ist" (Wieland und Fürst 2002, S. 5).

Für eine exakte Quantifizierung der Auswirkungen moralökonomischer Risiken, etwa durch Ermittlung von Eintrittswahrscheinlichkeit und Schadenausmaß sieht Fürst (2005, S. 43) keine Notwendigkeit: „Es ist [. . .] nicht von Bedeutung, mit welcher Wahrscheinlichkeit ein moralisches Risiko eintreten wird. Vielmehr sollte das Wissen a) um die Existenz und b) um die Möglichkeit des Eintretens moralischer Risiken Anlass sein, geeignete moralsensitive Strukturen und Mechanismen [. . .] zu gestalten und zu institutionalisieren, die die Realisierung der potenziellen Schäden aus den moralischen Risiken bereits ex ante wirksam zu verhindern suchen."

Werte als Grundlage für das Management moralischer Risiken
In der Theorie der Governance-Ethik wird moralisches Risikomanagement als Handlungsproblem (und damit ausdrücklich nicht als Interaktionsproblem) definiert. Das bedeutet, dass es im Grunde allein um die Umsetzung moralischer Werte in betriebliche Abläufe geht (und nicht beispielsweise um die Koordination von gemeinsamen und gegensätzlichen Interessen). Konkrete Aufgaben dabei sind die Identifikation relevanter moralischer Werte, deren Überführung in ein System von Unternehmenswerten und letztlich die Sicherstellung des wertekonformen Verhaltens der Mitarbeiter.[14]

Der Unternehmensleitung wird die Verantwortung für das Management moralökonomischer Risiken zugewiesen. Diese Verantwortung ist dahingehend zu interpretieren, dass geeignete Risikosteuerungsinstrumente einzurichten und Risikomanagementprozesse zum Umgang mit dem moralischen Risiko zu etablieren sind. Potenziellen Verhaltensverstößen soll hierbei mithilfe eines systematischen Steuerungssystems zur Kanalisierung von organisationalen Handlungen entgegengetreten werden. Fürst (2005, S. 22 und 202) verwendet hierfür den Begriff der „[werteadjustierten] Risiko-Governance", worunter er die „Wahrnehmung und anschließende Steuerung von Risiken" versteht.

Das Ziel der Risiko-Governance ist die systematische Früherkennung und Bearbeitung von Risiken, die Schaffung von Transparenz und die Vermeidung bestandsgefährdender Unternehmenskrisen (Fürst 2005, S. 28). Die Aufgabe des Managements ist es demnach, die internen Steuerungsmechanimen systematisch an *„die „moralischen Hintergrundannahmen" [. . .] einer gegebenen Gesellschaft"* (Wieland 2001, S. 20) anzupassen. Das bedeutet im ersten Schritt die Überführung relevanter gesellschaftlicher Werte in ein System von Unternehmenswerten[15], im zweiten Schritt deren Institutionalisierung und im

---

[14] „Ausgehend von der [. . .] Annahme, dass die Wahrnehmung von Risiken auf sozialer und kultureller Konstruktion beruht, die in unterschiedlichen Wertvorstellungen der jeweiligen Kultur gründet (was ist wahr und falsch, gut und schlecht etc.), ist es zwangsläufig eine Notwendigkeit, diese Risiken im Unternehmen über Kultur, Werte und somit Verhalten zu steuern" (Wieland und Fürst 2002, S. 5).

[15] „Die Vorgabe von Werten führt dabei in einem rekursiven Prozess zu einer kulturellen Evolution hin zu einer distinkten Unternehmenskultur, die sowohl die Perzeption als auch die Steuerung im Sinne der Vermeidung von Risiken ermöglicht" (Wieland und Fürst 2002, S. 5).

dritten Schritt die Überwachung der Wertecompliance, etwa durch Ethikaudits (Wieland und Fürst 2002, S. 33 ff.).

Grenzen des Wertemanagement Ansatzes

Die Kritik am Wertemanagementansatz als Rahmenwerk für moralisches Risikomanagement basiert im Wesentlichen auf der Eignung von moralischen Werten als Orientierungspunkte für gelingende geschäftliche und soziale Beziehungen in einem globalen und multikulturellen Kontext. Die grundlegende Bedeutung von Werten im Bereich der Führung und Steuerung von Unternehmen soll hiermit zwar keineswegs in Frage gestellt werden.[16] Allerdings wird behauptet, dass die Oientierungswirkung gemeinsamer moralischer Werte insbesondere bei der *organisationsinternen* Koordination von Handlungen verschiedener Organisationsmitglieder entfaltet werden kann. Die *organisationsexterne* Koordination einer Vielzahl von Handlungen verschiedener Akteure in einem anonymen, globalen und von Wertepluralität charakterisierten Umfeld ermöglicht hingegen keine hinreichende Erwartungssicherheit. Suchanek (2012b, S. 3) betont im Hinblick auf den Umgang mit Werten: „[Insbesondere] sollten wir uns davor hüten, einen umfassenden Wertekonsens herstellen zu wollen: Das ist in einer freiheitlichen Gesellschaft [...] unmöglich und auch gar nicht wünschenswert." Die Orientierung an Prinzipien lokaler Gerechtigkeit in einem globalen Kontext erscheint deshalb nicht immer hilfreich.

Die *Relevanz* moralischer Werte als Orientierungspunkte ist also grundsätzlich im Kontext ihres Anwendungsbereiches zu beurteilen. Im theoretischen Rahmen der Governanceethik dienen Werte dazu, die Handlungen verschiedener Organisationsmitglieder zu koordinieren und zu steuern. Ihr Anwendungsbereich ist damit explizit organisationsintern. Sofern die Werte einer Organisation in einem engen Bezug zu den etablierten Governance- und Compliancemechanismen stehen und Bestandteil einer entsprechenden Führungskultur sind, ist ihnen eine große Relevanz als Orientierungspunkt zuzuschreiben (Suchanek und Broock 2008).

Im Außenverhältnis der Organisation ist die Relevanz moralischer Werte jedoch von verschiedenen weiteren Faktoren abhängig. Pooria (2009) sowie Wolff und Pooria (2004) weisen in diesem Zusammenhang insbesondere auf Orientierungsprobleme in multikulturellen Interaktionsbeziehungen hin. Bei der Überführung von lokalen Werten in handlungsleitende Unternehmenswerte stehen gerade multinationale Unternehmen, die gelingende kulturübergreifende Beziehungen anstreben, vor dem Problem der empirischen Wertepluralität. Unter diesen Umständen ist die Koordinationsfunktion von Unternehmenswerten im Außenverhältnis differenziert zu beurteilen. Aufgrund der beschriebenen Wertepluralität können sich Unternehmenswerte nicht vollständig am lokalen Wertekontext ihrer Partner orientieren und deshalb auch nicht systematisch die geforderte Wertecompliance sicherstellen.

Insofern autonom entwickelte Unternehmenswerte jedoch aktiv und verständlich kommuniziert werden, können sie dennoch Orientierungspunkte für andere (organi-

---

[16] Siehe hierzu auch Suchanek und Broock (2008).

sationsexterne) Akteure hinsichtlich des zu erwartenden Verhaltens der Organisation darstellen.

Der *Risikobegriff* wird im Wesentlichen aus den zu erwartenden ökonomischen Konsequenzen negativer moralischer Achtungskommunikation abgeleitet. Wieland spricht hier von moralischen Anreizen mit ökonomischen Konsequenzen. Ursache für moralische Risiken ist demnach die Nichtbeachtung moralischer Werte durch Unternehmen. Der Wertemanagementansatz engt damit die Ansatzpunkte für das Management moralischer Risiken zu stark auf Complianceaspekte ein. Wettbewerbsrisiken im Zusammenhang mit der Beachtung moralischer Werte, etwa durch Kostennachteile, werden nicht systematisch thematisiert. Unternehmen werden als prinzipiell fähig erachtet, sich durch entsprechende interne Organisation so an die Wettbewerbssituation anzupassen, dass Werte in gewissem Maße auch bei fehlender Anreizkompatibilität beachtet werden können. Aufgrund des beschriebenen dilemmatischen Charakters von moralökonomischen Entscheidungssituationen erscheint eine reine Compliancestrategie jedoch nicht problemgerecht. Compliance kann sich lediglich auf die Umsetzung einer Strategie zum Umgang mit moralischen Risiken beziehen, nicht jedoch auf die bedingungslose Umsetzung von extern vorgegebenen Wertvorstellungen.

Eine Stärke des Ansatzes ist die Fokussierung auf organisationsinterne Prozesse und Strukturen. Insbesondere ermöglicht dies die Anschlussfähigkeit an betriebliche Konzepte der Unternehmenssteuerung. Da Wieland die Einschränkung seiner Analyse auf die organisationsinterne Perspektive durchaus bewusst vornimmt, indem er die internen Koordinations- und Steuerungsmechanismen gleichbedeutend neben anderen individuellen und institutionellen Selbstbindungsmechanismen einordnet, erscheint es aussichtsreich zu prüfen, ob ein System der Wertecompliance ein sinnvoller Bestandteil eines breiteren Risikomanagementansatzes mit vorgelagerten Verfahren zur systematischen Identifikation und Bewertung von Chancen und Risiken sein kann. Die Stärken der Wertegovernance liegen klar in ihrer organisationsinternen Steuerungswirkung, weshalb sie als Risikomanagementinstrument zur Umsetzung einer Risikostrategie durchaus geeignet erscheint.

1.2.4   Inventar klassischer Risikosteuerungsinstrumente

1.2.4.1   Risikomanagement und Internes Kontrollsystem

▶ Der Begriff des *Risikos* beschreibt die Auswirkungen von Unsicherheit auf die Erreichbarkeit von Zielen.[17] *Risikomanagement* umfasst entsprechend Aktivitäten zur Steuerung und Kontrolle von Organisationen angesichts der Existenz von Risiken.[18]

---

[17] Vgl. ISO (2009, S. 1 f.).

[18] Vgl. beispielsweise die Definition von Risikomanagement im Standard ISO 31000:2009 als „coordinated activities to direct and control an organization with regard to risk" (ISO 2009, S. 2). Der Begriff der Organisation wird darin stellvertretend für alle individuellen und korporativen Akteure

Obwohl praktisch alle Akteure im Alltag mehr oder weniger bewusst Risiken managen, werden Unternehmen durch den Gesetzgeber zur Einhaltung bestimmter professioneller Standards zum Umgang mit Risiken verpflichtet. Diese Standards sollen helfen, größere Unternehmenskrisen durch geeignete Früherkennungssysteme und umfassendes Reporting zu verhindern. Darüber hinaus verfolgt beispielsweise der ISO Standard 31000:2009 weitere Ziele hinsichtlich der Effizienz[19] und der organisationalen Einbettung[20] des Risikomanagements in das Corporate Governance System.

Professionelle Standards für das Risikomanagement
Die Entwicklung verschiedener allgemeiner und branchenspezifischer Vorschriften und Standards für das Risikomanagement kann als Reaktion des Gesetzgebers auf zahlreiche Skandale und Unternehmenskrisen in den neunziger Jahren des letzten Jahrhunderts verstanden werden. Sie stellt den Versuch dar, negative Auswirkungen von Unternehmenskrisen auf die Gesellschaft im Allgemeinen und auf die Funktionalität des Kapitalmarkts im Besonderen zu vermeiden.[21]

Im Anwendungsbereich des *deutschen* Rechts verpflichtet das 1998 vom Deutschen Bundestag verabschiedete Gesetz zur Kontrolle und Transparenz im Unternehmensbereich (KontraG) die Vorstände kapitalmarktorientierter Unternehmen in § 91 Abs. 2 AktG „geeignete Maßnahmen zu treffen, insbesondere ein Überwachungssystem einzurichten, damit den Fortbestand der Gesellschaft gefährdende Entwicklungen früh erkannt werden". Gemäß §§ 289 Abs. 1 S. 4 und 315 Abs. 1 S. 5 HGB ist ferner im (Konzern-) Lagebericht „die voraussichtliche Entwicklung mit ihren Chancen und Risiken zu beurteilen und zu erläutern" und gemäß § 317 Abs. 2 S. 2 HGB vom Abschlussprüfer zu prüfen. Dessen diesbezügliche Aufgaben bei der Prüfung der Risikoberichterstattung in Konzernabschlüssen werden in DRS 20 konkretisiert. Im Streitfall sind Vorstände in der Pflicht zu beweisen, dass sie im Rahmen der gebotenen Sorgfalt gehandelt haben, was insbesondere durch einen Nachweis der Funktionalität des Internen Kontrollsystems (IKS) gelingen kann. Durch das im Jahr 2002 in Kraft getretene Transparenz- und Publizitätsgesetz (TransPuG) fand der Deutsche

---

verwendet, die Risiken ausgesetzt sind. Mit stärkerem Bezug zu Unternehmen als spezielle Organisationsform wird *Enterprise Risk Management* im COSO Modell beschrieben als „process, effected by an entity's board of directors, management and other personnel, applied in strategy setting and across the enterprise, designed to identify potential events that may affect the entity, and manage risk to be within its risk appetite, to provide reasonable assurance regarding the achievement of entity objectives" (COSO 2004, S. 2).

[19] Vgl. hierzu ISO (2009, S. V): „While all organizations manage risk to some degree, this International Standard establishes a number of principles that need to be satisfied to make risk management effective."

[20] Vgl. hierzu ISO (2009, S. V): „This International Standard recommends that organizations develop, implement and continuously improve a framework whose purpose is to integrate the process for managing risk into the organization's overall governance, strategy and planning, management, reporting processes, policies, values and culture."

[21] Siehe hierzu auch Schiel (2009, S. 7–12).

Corporate Governance Kodex (DCGK), der ebenfalls Empfehlungen für das Risikomanagement enthält, Eingang in das Aktiengesetz.[22] Das 2009 in Kraft getretene Gesetz zur Modernisierung des Bilanzrechts (BilMoG) fordert wird von kapitalmarktorientierten Unternehmen zusätzlich zu den bereits mit dem Bilanzrechtsreformgesetz (BilReG) von 2004 eingeführten Berichtspflichten über Ziele und Methoden des Risikomanagements auch „die wesentlichen Merkmale des internen Kontroll- und des internen Risikomanagementsystems" (§ 289 Abs. 5 S. 1 HGB) zu beschreiben. Inhaltlich sind diese Anforderungen vom Gesetzgeber hauptsächlich für die Anwendung in der Finanzbranche spezifiziert worden, etwa in Form der Mindestanforderungen an das Risikomanagement (MaRisk).

Eine der bedeutendsten *internationalen* Normen zum Risikomanagement ist der im Jahr 2002 in den USA verabschiedete Sarbanes-Oxley Act (SOA). Er hat für alle an US-amerikanischen Börsen gelisteten Unternehmen Gültigkeit, sowie für deren Abschlussprüfer und Rechtsanwälte. Folglich besitzt er eine hohe internationale Ausstrahlungskraft.[23] Eine wichtige Grundlage für die praktische Umsetzung der Anforderungen des SOA an die Kontroll- und Risikomanagementprozesse von Unternehmen sind die Rahmenwerke des Committee of Sponsoring Organizations of the Treadway Commission (COSO) für Interne Kontrollsysteme (COSO 1992, 2012) und für Risikomanagementsysteme (COSO 2004). Abbildung 1.3 zeigt.

Grenzen vorhandener Risikomanagementansätze für den Umgang mit moralischen Risiken

Die derzeitige formale und inhaltliche Ausgestaltung vieler Risikomanagementsysteme ist trotz umfassender Regulierungsinitiativen in der jüngeren Vergangenheit nicht geeignet, moralökonomische Spannungsfelder systematisch zu identifizieren und aufzulösen.

Noch immer sind Risikomanagementsysteme zu stark auf die Prozesse des Finanz- und Rechnungswesens ausgerichtet, da sie ursprünglich zu Verhinderung von Fehlern oder Betrug bei der Finanzberichterstattung entwickelt wurden.

Regulatorisch geprägtes Risikomanagement ist auf den Rechnungslegungsprozess ausgerichtet

Die einschlägigen Normen zum Risikomanagement im deutschen Handelsgesetzbuch beziehen sich auf „die wesentlichen Merkmale des internen Kontroll- und des Risikomanagementsystems im Hinblick auf den Rechnungslegungsprozess" (§ 289 Abs. 5 HGB).

---

[22] Vgl. beispielsweise Regierungskommission DCGK (2012, S. 6): „Der Vorstand sorgt für ein angemessenes Risikomanagement und Risikocontrolling im Unternehmen." Vorstand und Aufsichtsrat börsennotierter Gesellschaften sind gemäß § 161 AktG verpflichtet, jährlich zu erklären, inwieweit ihre Unternehmensprozesse den Empfehlungen des DCGK entsprechen und welche Empfehlungen nicht angewendet werden.

[23] Section 404 des SOA enthält die Bestimmungen über das Interne Kontrollsystem von Unternehmen, welches vom Management zu etablieren und hinsichtlich seiner Wirksamkeit zu prüfen ist.

Abb. 1.3 COSO ERM
Rahmenwerk

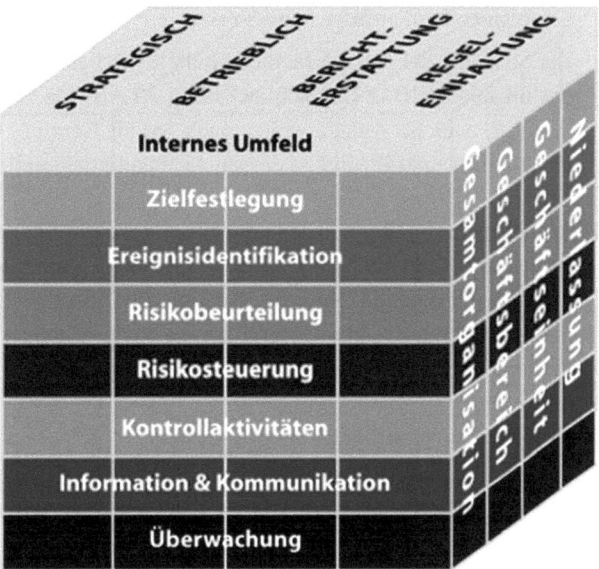

Diese Eingrenzung der Betrachtung auf die Darstellung von Unternehmensrisiken im betrieblichen Rechnungswesen erscheint für den Umgang mit Konflikten zwischen Gewinn und Moral unangemessen, da moralische Risiken tendenziell nicht bilanzierbare Vermögenswerte, wie beispielsweise Vertrauensbeziehungen, beispielsweise zwischen dem Unternehmen und seinen Kunden, betreffen.

Trotz der jüngsten Entwicklungen gerade im Bereich des Risikomanagements, insbesondere aufgrund regulatorischer Initiativen infolge verschiedener Bilanzskandale unter anderem bei Enron, Worldcom oder Tyco in den USA, und trotz seiner wachsenden Bedeutung für die Unternehmenssteuerung, ist das Konzept deshalb bislang kaum für den Umgang mit moralökonomischen Spannungsfeldern anwendbar. Diese Kritik findet sich auch bei Wieland und Fürst (2002). Sie kritisieren mit Bezug auf den im AktG verankerten Deutschen Corporate Governance Kodex „das Ausblenden der Risiken aus moralischem Fehlverhalten über alle hierarchischen Ebenen der Organisationen sowie die unzureichende Verdeutlichung der Verantwortung der Unternehmensleitung für die Etablierung von Mechanismen zur Reduktion dieser moralischen Risiken." (Wieland und Fürst 2002, S. 9).

1.2.4.2 Compliance Management

Compliance Management Systeme sollen es Unternehmen ermöglichen, nachhaltig und umfassend mit den beschriebenen Spannungsfeldern umzugehen.[24] In der betrieblichen Praxis werden sie jedoch häufig als zu formalistisch und deshalb eher als hinderlich für das Geschäft wahrgenommen.

---

[24] Teile dieses Abschnitts entstammen einer früheren Publikation des Autors zum Thema Compliance Management. Siehe hierzu Schiel (2014).

Compliance-Formalismen in der Praxis

Zur Stärkung der Anlegerrechte in Fällen von Falschberatung durch Finanzdienstleister trat im Jahr 2010 in Deutschland mit § 34 Abs. 2a WpHG eine gesetzliche Vorschrift in Kraft, welche Anlageberater nach jedem Beratungsgespräch zur Erstellung eines Beratungsprotokolls und zu dessen Aushändigung an den Kunden verpflichtet.

Viele Unternehmen fürchten den mit Compliance verbundenen Kontroll- und Dokumentationsaufwand: „Nicht nur Non-Compliance kann [. . .] teuer sein, sondern auch bürokratische Compliance". (Wieland 2012, S. 36). Eine PwC Studie (Nestler et al. 2010) zum Thema Compliance zeigt, welche Befürchtungen viele Manager mit Compliance-Programmen verbinden:

* zu viele und zu bürokratische Kontrollen
* unverhältnismäßiger Aufwand
* zu hohe Kosten

Im Rückblick auf die Entwicklung der Vergangenen Jahre ist zu beobachten, dass „die Interpretation von Compliance in seiner ersten Entwicklungsphase bisher sehr stark in Richtung Kontrolle und Rechtssicherheit ausgeschlagen hat. [. . .] Mit der Konsequenz, dass die entsprechenden Compliance-Management-Systeme dann auch sehr stark juristisch orientiert gestaltet wurden" (Heißner und Benecke 2013, S. 2923). Ein im rein juristischen Sinne verstandenes Compliance Management System inklusive Prüfung nach IDW PS 980 ist dann im Grunde ein „Mittel zur Enthaftung der Verantwortlichen im Unternehmen, ein „Persilschein" für vermeintliches Fehlverhalten" (Audit Committee Institute 2012, S. 20).

Mittlerweile zeichnen sich in der Compliance Theorie und Praxis jedoch klare Tendenzen hin zu einem breiteren Verständnis von Compliance ab. Entsprechende Ansätze fokussieren weniger auf das Verhältnis des Unternehmens zu seinem regulatorischen Umfeld, sondern auf dessen Verhältnis zu verschiedensten Stakeholdern. Der Begriff Compliance wird dabei als Bestandteil eines breiter aufgestellten „Integrity Management" (z. B. Heißner und Benecke 2013) verstanden.

Der erlittene Reputationsschaden der ERGO Versicherung im Zusammenhang mit den öffentlich gewordenen Informationen über ihr Anreizprogramm für Vertriebsmitarbeiter ist ein Beispiel dafür, dass Compliance nicht lediglich auf die formale Einhaltung von gesetzlichen oder vertraglichen Regelungen begrenzt werden kann. Vielmehr geht es um den richtigen Umgang mit expliziten oder impliziten gesellschaftlichen Erwartungen an Unternehmen, die sich auch – aber bei weitem nicht allein – auf die Einhaltung von Regeln beziehen. Formale Legalität und wahrgenommene Legitimität von Unternehmenshandlungen stehen dabei gleichermaßen im Fokus des Compliance Managements.

1.2.4.3 Interne Revision

Obwohl der Fokus der Internen Revision in der betrieblichen Praxis häufig auf den Prozessen des Finanz- und Rechnungswesens liegt, werden die Ziele und Aufgaben vom Berufsnetzwerk DIIR eher breit definiert: „Die Ziele der Internen Revision ergeben sich grundsätzlich aus dem Selbstverständnis der Internen Revision" (DIIR 2014).

▶ **Die Interne Revision und Ihre Aufgaben** Die Interne Revision erbringt unabhängige und objektive Prüfungs- und Beratungsdienstleistungen, welche darauf ausgerichtet sind, Mehrwerte zu schaffen und die Geschäftsprozesse zu verbessern. Sie unterstützt die Organisation bei der Erreichung ihrer Ziele, indem sie mit einem systematischen und zielgerichteten Ansatz die Effektivität des Risikomanagements, der Kontrollen und der Führungs-und Überwachungsprozesse bewertet und diese verbessern hilft (DIIR 2014).

Selbstverständnis hinterfragen und Aufgaben neu interpretieren
Unternehmen sollten deshalb basierend auf den für sie relevanten Risikofeldern die Ziele und Aufgabenbereiche der Internen Revision in deren Geschäftsordnung festhalten. Dies dient neben der inhaltlichen Fokussierung auch der Aufgabenabgrenzung zu anderen Revisionsfunktionen im Unternehmen, beispielsweise der Qualitätskontrolle.

Zu den klassischen Aufgabenfeldern der Internen Revision zählt neben der Beurteilung von Effizienz, Effektivität und Compliance wichtiger Unternehmensprozesse häufig auch der Schutz von betrieblichen Vermögenswerten. Mit Blick auf moralische Risiken sind diese Aufgaben nun keineswegs umfassend zu verändern; sie sind lediglich anders zu interpretieren:

- Zu schützende Vermögenswerte sind gerade auch Vertrauensbeziehungen des Unternehmens mit wichtigen Partnern aber auch die Wahrnehmung seiner gesellschaftlichen Rolle durch die Öffentlichkeit.
- Compliance bezieht sich keineswegs allein auf die Einhaltung von formalen Regeln (siehe Abschn. 1.2.4.2), sondern auch auf den Umgang eines Unternehmens mit moralischen Erwartungen (im Weiteren auch „Vertrauenserwartungen").
- Effektivität und Effizienz betreffen auch den Umgang eines Unternehmens mit moralökonomischen Spannungsfeldern, die hierfür etablierten Governance Strukturen, die dabei aufgewendeten Mittel und deren erzielten Erfolg.

Beispiel Ethikaudits

Wieland und Grüninger (2000, S. 136) beschreiben beispielsweise Grundlagen eines Auditverfahrens, welches „ermittelt, ob und wie Unternehmen korporative Ethikprogramme umgesetzt haben." Sie schlagen konkret einen zweistufigen Prozess zur Durchführung von Ethikaudits vor.

Die erste Stufe bildet ein Self-Assessment Fragebogen. Dieser umfasst insbesondere „spezifische Bestimmungen im Hinblick auf die einzelnen Kooperationspartner (öffentliche und private Auftraggeber, Mitarbeiter, Lieferanten z. B.), auf Kontroll- und Berichtssysteme, Compliancekomponenten, Anreizsysteme, Trainingsmaßnahmen sowie über Kanäle und Medien zur internen und externen Kommunikation der Werteprogramme." (Wieland und Grüninger 2000, S. 136).

Als zweite Stufe des Ethikaudits sehen die Autoren qualitative Interviews mit Führungskräften und zufällig ausgewählten Mitarbeitern „in ,moralisch sensiblen' Unternehmensbereichen (z. B. Auftragsakquisition, Kalkulation, Einkauf, Bauleitung) vor." (Wieland und Grüninger 2000, S. 137). Bei den Prüfungshandlungen vor Ort werden zudem Dokumente wie „Verhaltensstandards, interne Arbeitsanweisungen, Fortbildungsprogramme, Tagesordnungen zu Geschäftsleitungssitzungen, Protokolle zu themenbezogenen Entscheidungen, Materialien der Öffentlichkeitsarbeit" (Wieland und Grüninger 2000, S. 136) gesichtet und beurteilt.

Neue Methoden entwickeln

Basierend auf diesem neuen Aufgabenverständnis sollte die Interne Revision auch methodisch dazu befähigt werden, die implementierten Systeme zum Umgang mit Spannungsfeldern zwischen moralischen Erwartungen der Gesellschaft an Unternehmen und seinen ökonomischen Bedingungen (insb. Wettbewerb, Profitabilität) zu beurteilen. Konkret sind hierfür Revisionsinstrumente zur Risikoanalyse auf drei verschiedenen Steuerungsebenen (wie in Abschn. 1.2.2 beschrieben) erforderlich:

1. *Die Spielzüge des einzelnen Mitarbeiters:* Nutzen Mitarbeiter in ihrem Geschäftsalltag verfügbare Freiräume zum Schaden von Kunden, Kollegen, der Umwelt oder des Unternehmens und zur Erzielung eigener Vorteile aus?
2. *Die Spielregeln des Unternehmens:* Ist das System etablierter Regeln und Verhaltensanweisungen angemessen und bietet hinreichend Orientierung, beispielsweise zum nachhaltigen Umgang mit Interessenkonflikten, zur Meldung von Missständen (Whistleblowing) oder zur systematischen Identifikation und Steuerung von Konflikten zwischen Gewinn und Moral?
3. *Das Spielverständnis aller Unternehmensmitglieder und wichtiger externer Akteure:* Existiert eine Unternehmenskultur, welche die Schaffung von Bedingungen für nachhaltig gelingende geschäftliche und soziale Beziehungen fördert? (Beispielsweise ein Gewinnverständnis, welches Gewinn als Ergebnis von Zusammenarbeit zum gegenseitigen Vorteil versteht und zugleich die Schlechterstellung anderer Akteure vermeidet.)

1.2.5   Steuerungsinstrumente reflektiert anwenden

Moralische Spannungsfelder können nur auf der Ebene gelöst werden, auf der ihre Ursachen liegen

Ohne geeignete Managementinstrumente können Unternehmen Chancen und Risiken im Zusammenhang mit Inkonsistenzen zwischen moralischen Erwartungen und ökonomischen Bedingungen nicht systematisch erfassen, verstehen und im Rahmen ihrer operativen Prozesse berücksichtigen.

Im Vergleich zu Menschen verfügen Unternehmen nicht über eine natürliche oder kulturell erlernte Sensibilität für moralische Spannungsfelder. Um dies zu kompensieren, können sie geeignete Kommunikationsstrukturen und Organisationsmaßnahmen einrichten und die Entwicklung einer Unternehmenskultur fördern, um moralische Spannungsfelder systematisch zu erfassen und zu steuern.

Unternehmen, die in einem globalen Wettbewerbskontext agieren, benötigen deshalb mehr denn je *Strukturen und Prozesse zur systematischen Identifikation, Bewertung, Steuerung und Überwachung von Inkonsistenzen* zwischen externen moralischen Erwartungen und ihrer Wettbewerbsstrategie. Da diese Inkonsistenzen, wie bereits eingangs beschrieben, in vielen Fällen wohl nicht vollständig vermeidbar sind, sollten Managementansätze insbesondere auf deren frühzeitige Identifikation und professionelle Steuerung ausgerichtet sein. Dazu zählt auch und gerade die Abwägung der mit ihnen verbundenen Chancen und Risiken.

Gleichzeitig sollten Steuerungsinstrumente nicht überstürzt und unpräzise eingesetzt werden. Die Erkenntnisse der vorherigen Abschnitte zeigen, dass ein „One-fits-all" Ansatz nicht zur effektiven, effizienten und nachhaltigen Risikosteuerung geeignet ist. Als Beispiel wurden überbordende Compliance Programme genannt, die letztlich in vielen Fällen enorme Transaktionskosten verursachen und dadurch nicht selten die Motivation der Mitarbeiter zur Teilnahme und zur Umsetzung der Maßnahmen reduzieren.

Steuerungsinstrumente sind problemspezifisch anzuwenden. Hierfür wurden in Abschn. 1.2.2.3 verschiedene Ebenen vorgestellt, die Orientierung bei der Wahl geeigneter Instrumente geben können:

1. Die Spielzugebene
2. Die Regelebene
3. Die Ebene des Spielverständnisses

> **Moralische Spannungsfelder können nur auf der Ebene gelöst werden, auf der ihre Ursachen liegen.**

Compliance Management Systeme (als Element der Spielregelebene) sind insbesondere da sinnvoll, wo Regeln und Vorschriften den Mitarbeitern Orientierung bei ihrer täglichen Arbeit bieten können und wo deren Einhaltung eine unabdingbare Voraussetzung für Vertrauensbeziehungen mit internen und externen Stakeholdern ist. Ein Beispiel ist etwa die Einhaltung von Hygienevorschriften bei der Produktion von Lebensmitteln. Fehlt jedoch die grundlegende Akzeptanz von Regeln (Element der Spielverständnisebene), für ihre Funktion und für die Bedeutung ihrer Einhaltung, kann durch die Verschärfung des bestehenden Regelwerkes keine Compliance Verbesserung erreicht werden. Die Maßnahmen zielen entsprechend ins Leere und die dafür aufgewendeten Mittel und Resourcen könnten anderweitig sinnvoller eingesetzt werden. Konkret wäre zu analysieren, warum bestehende Regeln nicht oder nur unzureichend umgesetzt werden, ob sie etwa von den Mitarbeitern als Belastung empfunden werden, ob die Ursachen in der Unternehmenskultur liegen weil beispielsweise Führungskräfte ihre Vorbildfunktion nicht wahrnehmen.

Zur Umsetzung einer glaubwürdigen Nachhaltigkeitsstrategie reicht es zudem nicht aus, den Umgang mit gesellschaftlichen Erwartungen als reines PR- oder Image-Problem zu behandeln und auftretende Spannungsfelder (Issues) allein mittels entsprechender Kommunikationsstrategien oder Krisenmanagementmaßnahmen zu lösen. Es gilt stattdessen, die strukturellen Ursachen für Inkonsistenzen zwischen gesellschaftlichen Erwartungen und eigenen Handlungen zu erkennen und nachhaltige Lösungsansätze zu entwickeln.

▶   Ein sinnvolles und alltagstaugliches Konzept zum Umgang mit moralischen Erwartungen der Gesellschaft kann letztlich nicht allein auf moralischen Appellen beruhen. Es muss neben moralischen Ansprüchen immer auch die Rahmenbedingungen beachten, unter denen die Adressaten agieren. Aus der gemeinsamen Betrachtung moralischer Ideale und empirischer Bedingungen können schließliche reflektierte Maßnahmen auf der geeigneten Steuerungsebene identifiziert und implementiert werden.

1.3   Die Herausforderung für Führungskräfte

▶   Das Gelingen von Geschäfts- und anderen gesellschaftlichen Beziehungen gerät zunehmend in ein Spannungsfeld zwischen moralischen Erwartungen an das Verhalten von Unternehmen und den Wettbewerbsbedingungen, unter denen diese agieren. Für Unternehmen ergeben sich hieraus konkrete Risiken, sowohl bei der Erfüllung der an sie adressierten Erwartungen als auch bei ihrer Zurückweisung.

In vielen alltäglichen Situationen müssen Führungskräfte über den Umgang mit verschiedensten moralischen Erwartungen an ihre Unternehmen entscheiden:

a. **Erfüllung**: Werden moralische Erwartungen (z. B. Verzicht auf Standortverlagerungen, Verbesserung der Arbeitssicherheit) weitgehend erfüllt, drohen mitunter Wettbewerbsnachteile, da die zu treffenden Maßnahmen teils mit hohen Kosten einhergehen. Im schlimmsten Fall sehen sich Unternehmen durch die schlechtere Kostenstruktur (z. B. im Vergleich mit Wettbewerbern in Ländern mit niedrigeren Arbeits- und Sozialstandards) in ihrer Existenz bedroht.

b. **Zurückweisung**: Werden moralische Erwartungen jedoch unter Verweis auf die harten Wettbewerbsbedingungen zurückgewiesen, ist mit teils enormem Schaden für die Kooperationsbeziehungen des Unternehmens mit wichtigen Partnern (z. B. Mitarbeitern, Kunden) und gesellschaftlichen Akteuren (z. B. Aufsichtsbehörden, Medien, Öffentlichkeit) zu rechnen. Weiterhin können sich niedrige Sicherheits- und Sozialstandards auf lange Sicht ebenfalls negativ auf die Produktivität der Mitarbeiter auswirken.

Ausgedrückt mit anderen Worten müssen Manager also zwischen Wettbewerbsrisiken und Kooperationsrisiken abwägen. Diesen stehen jeweils Wettbewerbs- und Kooperationschancen gegenüber.

▶ *Wettbewerbsrisiken* können bei der Erfüllung von gesellschaftlichen moralischen Erwartungen entstehen, beispielsweise wenn für einzelne Unternehmen durch Beachtung höherer Umweltstandards oder durch Verbesserung der Arbeitsbedingungen Kosten entstehen, die andere Wettbewerber nicht oder nicht in gleichem Maße tragen müssen.

Kooperationsrisiken können bei der Zurückweisung gesellschaftlicher moralischer Erwartungen entstehen, beispielsweise wenn Kunden die Produkte eines Unternehmens boykottieren, etwa weil dieses bestimmte Arbeitssicherheitsstandards nicht einhält oder den Abbau von Stellen angekündigt hat.

In einer solchen vermeintlichen Dilemmasituation benötigen Unternehmen geeignete Steuerungs- und Kontrollinstrumente, die einen risikoorientierten Umgang mit den beschriebenen Konflikten ermöglichen. Für die Überführung von moralökonomischen Spannungsfeldern in praktikable Risikosteuerungsverfahren sind bislang jedoch keine hinreichenden Konzepte und Methoden verfügbar. Konkret mangelt es an:

- einem geeigneten *Moralverständnis*, das die Kompatibilität von Moral und Gewinn prinzipiell ermöglicht und geeignete Orientierungspunkte für den nachhaltigen Umgang mit Konflikten bereitstellt,
- einem hieraus abgeleiteten *Risikoverständnis*, welches die Kontrastierung von Moral und Gewinn als wechselseitige Risikofaktoren vermeidet,
- einem *Organisationsverständnis*, welches darauf ausgerichtet ist, den risikoorientierten Umgang mit Konflikten im betrieblichen Alltag zu gestalten.

Es wird folglich ein Risikomanagementansatz benötigt, der geeignet ist, Konflikte zwischen Gewinn und Moral frühzeitig zu identifizieren, zu bewerten, Maßnahmen zu identifizieren und zu implementieren, ihre Wirksamkeit fortlaufend zu überwachen und die dabei erzielten Ergebnisse im Diskurs mit einer kritischen Öffentlichkeit zu kommunizieren.

▶   Die Herausforderung für Unternehmen und ihre Führungskräfte soll im Folgenden zu einem Dreisatz verdichtet werden. Auf Ebene 1) wird dabei die verfolgte normative Zielstellung beschrieben, auf Ebene 2) Faktoren, welche die Zielerreichung potenziell beeinträchtigen können, um schließlich auf Ebene 3) reflektierte Handlungsempfehlungen aussprechen zu können.

1. Nachhaltig gelingende gesellschaftliche und wirtschaftliche Beziehungen zum Vorteil aller Beteiligten sowie Nicht-Verletzung legitimer Interessen unbeteiligter Dritter
2. Kooperationsrisiken und Wettbewerbsrisiken aufgrund von Inkonsistenzen zwischen gesellschaftlichen moralischen Erwartungen und Handlungen zur Sicherstellung der eigenen Wettbewerbsfähigkeit
3. Notwendigkeit eines Risikomanagementansatzes zum bewussten Umgang mit relevanten Inkonsistenzen

Das Vorgehen basiert auf einem differenzierten Umgang mit dem Moralbegriff. Auf der ersten Ebene wird ein *normativer* Moralbegriff betrachtet, verbunden mit der normativen Zielsetzung der Ermöglichung von gesellschaftlichen Kooperationsgewinnen zum Vorteil aller Betroffenen unter Vermeidung der Schädigung unbeteiligter Dritter. Das Problem weist damit eine gesamtgesellschaftliche Perspektive auf und verfolgt nicht lediglich die Optimierung der Kooperationsrente einzelner Akteure. Dass entsprechend geforderte Handlungen für den einzelnen Akteur anreizkompatibel sein müssen, bleibt allerdings eine notwendige Bedingung für die Praktikabilität des Ansatzes im Alltag (Suchanek 2007). Das normative Ziel ist die Freisetzung gesellschaftlicher Kooperationspotenziale. Ausgehend von einem pareto-inferioren Gleichgewicht soll eine Besserstellung mindestens eines Akteurs bei gleichzeitiger Vermeidung der Schlechterstellung anderer Akteure erreicht werden (Suchanek 2007, 2012a). Der Gewinnerzielung wird dabei eine moralische Qualität zuerkannt, sofern sie einem gesamtgesellschaftlichen Interesse dient.[25]

Auf der zweiten Ebene werden empirische Bedingungen betrachtet, die der Verwirklichung der normativen Zielstellung im Alltag entgegenstehen. Dazu zählen einerseits empirische *Wettbewerbsbedingungen*, beispielsweise in Form von Kostendruck durch Konkurrenten mit Produktionsstandorten in Ländern mit geringen Umwelt- und Sozialstandards. Andererseits zählen dazu auch empirische *moralische Erwartungen*, beispielsweise hinsichtlich nachhaltiger Produkte, fairer Löhne oder guter Arbeit, die von verschiedenen Akteuren, beispielsweise Kunden, Mitarbeitern oder Umweltorganisationen, an Unternehmen adressiert werden. Der für die Begründung jener Erwartungen an unternehmerisches Entscheiden und Handeln verwendete Moralbegriff, kann gemäß der Klassifizierung bei Suchman (1995) als *kognitiv* verstanden werden, da die zugrundeliegenden Kriterien für moralisches Handeln individuellen Interessen, intuitiver Überzeugung oder kultureller Prägung entspringen.

Zum anderen beinhaltet die Problemstellung auf der dritten Ebene des Lösungsansatzes die Forderung nach einem adäquaten Prozess zum Umgang mit Diskrepanzen zwischen empirischen moralischen Erwartungen und empirischen Wettbewerbsbedingungen eines Unternehmens. Durch

---

[25] Zur Frage der moralischen Qualität des Gewinnprinzips siehe insbesondere Homann (1990/2002, 1994) sowie Homann und Suchanek (2005).

entsprechende *strukturelle und prozedurale Gestaltung von Organisationen* soll hierbei das fortlaufende Management organisationaler Legitimität im Alltag ermöglicht werden. Die Fokussierung auf
Prozesse und Strukturen als Instrument organisationaler Legitimität ist durch ihre zentrale Bedeutung für den Umgang mit Unsicherheit im Rahmen von Kooperationsbeziehungen inspiriert. Da das
Management der eigenen Legitimität im Alltag angesichts von Unsicherheit bezüglich zukünftiger
Handlungen und Ereignisse stattfinden muss, sollten die entsprechenden Managementinstrumente
die flexible Anpassung an unvorhergesehene Ereignisse ermöglichen. Governance Strukturen tragen
dem Umstand der Unsicherheit sowie der faktischen Unmöglichkeit vollständiger Verträge Rech-
nung, indem sie geeignete Strukturen und Mechanismen für den Umgang mit unvorhergesehenen
Ereignissen bereitstellen.

1.4   Was Sie im Buch erwartet

Das Buch gliedert sich in fünf Kapitel. Im ersten Kapitel wurde beschrieben:

- dass sich viele Führungskräfte in einem vermeintlichen Dilemma zwischen moralischen
  Erwartungen verschiedener Stakeholder und ökonomischen Bedingungen in einem
  globalen Wettbewerbkontext sehen,
- dass moralische Erwartungen von den betroffenen Unternehmen ernst genommen
  werden sollten,
- dass jedoch weder die pauschale Erfüllung aller Erwartungen noch ihre pauschale
  Zurückweisung nachhaltige Strategien darstellen,
- dass Unternehmen Governancestrukturen benötigen, um Spannungsfelder zwischen
  Gewinn und Moral frühzeitig zu identifizieren, zu bewerten, zu steuern und erzielte
  Ergebnisse zu kommunizieren,
- dass Risikosteuerungsinstrumente problemspezifisch anzuwenden sind, damit Spannungsfelder auf der richtigen Lösungsebene (Spielzug, Spielregel, Spielverständnis)
  aufgelöst werden können,
- dass diese Steuerungsinstrumente in die klassischen Risikogovernancefunktionen (Risi
  komanagement, Internes Kontrollsystem, Compliance Management, Interne Revision)
  einzubetten sind, um Risiken konsistent, umfassend und effizient zu steuern.

Im zweiten Kapitel werden wichtige Kompetenzen für Entscheidungsträger vorgestellt.
Dazu gehören insbesondere:

- die Entwicklung eines Moralverständnisses, um zu erkennen, in welchem Verhältnis die
  eigene gewinnorientierte Geschäftsstrategie zu gesellschaftlichen Zielen steht
- ein hieraus abgeleitetes Risikoverständnis, um grundlegende Voraussetzungen für das
  Gelingen (und Scheitern) der geschäftlichen und sozialen Beziehungen des Unternehmens zu internen und externen Akteuren zu beschreiben und

- ein Organisationsverständnis zur Schaffung geeigneter Risikogovernancestrukturen, die ein professionelles Management von möglichen Risiken im betrieblichen Alltag ermöglichen.

In Kap. 3 werden danach Moral und Wettbewerb als zwei wesentliche Einflussfaktoren für Unternehmen beschrieben. Dabei werden zwei grundlegende strategische Erwägungen im Zusammenhang mit moralischen Chancen und Risiken vorgestellt:

- die Entwicklung einer Kooperationsstrategie mit dem Ziel der Erzielung von Kooperationsgewinnen ohne Schädigung anderer Akteure
- die Sicherstellung der Wettbewerbsfähigkeit der Kooperationsstrategie mit dem Ziel der Kompensation möglicher Wettbewerbsnachteile aufgrund von Kosten der Erfüllung moralischer Erwartungen

In Kap. 4 werden Vertrauensbeziehungen zu Kunden, Mitarbeitern, Aufsichtsbehörden, Öffentlichkeit und vielen anderen Akteuren als wichtiger Vermögenswert für Unternehmen beschrieben. Relevante Inkonsistenzen zwischen moralischen Erwartungen und der eigenen Kooperations- und Wettbewerbsstrategie werden dabei als Quellen moralischer Risiken verstanden.

Schließlich wird in Kapitel 5 ein Governance Rahmenwerk für die konsistente, umfassende und effiziente Steuerung von Konflikten zwischen Gewinn und Moral entwickelt. Auf der Grundlage des COSO ERM Rahmenwerks werden hierfür konkrete Maßnahmen innerhalb der folgenden Phasen aufgezeigt:

- Strategie und Ziele des Risikomanagements
- Identifikation von Inkonsistenzen
- Bewertung der Relevanz von Inkonsistenzen
- Maßnahmen zum Umgang mit relevanten Inkonsistenzen
- Kontrollaktivitäten
- Kommunikation
- Überwachung

Die wichtigsten Erkenntnisse bisher

Viele Unternehmen und ihre Führungskräfte sehen sich einem Spannungsfeld ausgesetzt, welches durch an sie adressierte moralische Erwartungen einerseits und durch harte Bedingungen im globalen Wettbewerb andererseits ergibt. Die Entscheidung, bestimmte gesellschaftliche Erwartungen zu erfüllen oder zurückzuweisen, kann situationsbedingt zu Chancen und Risiken für die Kooperationsfähigkeit aber auch für die Wettbewerbsfähigkeit des Unternehmens führen. Weder die umfassende Erfüllung aller gesellschaftlichen Erwartungen noch ihre pauschale Zurückweisung erscheinen deshalb als aussichtsreiche Strategien zum Management des beschriebenen Spannungsfeldes.

Es wird daher im Folgenden ein prozessorientierter Risikomanagementansatz ent-
wickelt, der Chancen und Risiken für Kooperations- und Wettbewerbsfähigkeit eines
Unternehmens gleichermaßen reflektiert und konkrete Maßnahmen für den dauerhaften
Umgang mit moralökonomischen Spannungsfeldern im betrieblichen Alltag aufzeigt.

Literatur

Audit Committee Institute. (2012). Der neue Prüfungsstandard IDW PS 980: „Keine bloße
    Pflichtübung." *Audit Committee Quarterly,* Nr. 2.
Bebbington, J., Larrinaga, C., & Moneva, J. (2008). Corporate social responsibility reporting and
    reputation risk management. *Accounting, Auditing & Accountability Journal, 21*(3), 337–361.
Bernstein, A. (2000, 11. Sept.). Too much corporate power. *Business Week,* 149.
Clarkson, M. (1995). A stakeholder framework for analyzing and evaluating corporate social
    performance. *The Academy of Management Review, 20*(1), 92–117.
Committee of Sponsoring Organizations of the Treadway Commission (COSO). (Hrsg.). (1992).
    Internal control – Integrated frameword. Jersey: AICPA.
Committee of Sponsoring Organizations of the Treadway Commission (COSO). (Hrsg.). (2004).
    Enterprise risk management – Integrated framework. Executive Summary. Onlinepublikation.
Committee of Sponsoring Organizations of the Treadway Commission (COSO). (Hrsg.). (2012).
    Internal control – Integrated framework. Onlinepublikation.
CorpWatch. (2009). http://www.corpwatch.org/article.php?id=242. Zugegriffen: 19. Jan. 2014.
DIIR. (2014). Revisionshandbuch MaRisk. http://www.diir.de/fachwissen/revisionshandbuch-
    marisk/ziele-und-aufgabenstellung-der-internen-revision/. Zugegriffen: 27. April 2014.
Espinoza, N., & Peterson, M. (2012). Risk and mid-level moral principles. Bioethics, *26*(1), 8–14.
Francis, R., & Armstrong, A. (2003). Ethics as a risk management strategy: The Australian experience.
    Journal of Business Ethics, 45(4), 375–385.
Fürst, M. (2005). *Risiko-Governance – Die Wahrnehmung und Steuerung moralökonomischer
    Risiken.* Marburg: Metropolis.
Godfrey, P. C. (2005). The relationship between corporate philanthropy and shareholder wealth: A
    risk management perspective. *Academy of Management Review, 30*(4), 777–798.
Godfrey, P. C., Merrill, C. B., & Hansen, J. M. (2009). The relationship between corporate social re-
    sponsibility and shareholder value: An empirical test of the risk management hypothesis. *Strategic
    Management Journal, 30*(4), 425–445.
Griese, M., & Zeiss, H. (2012). Wie können sich Unternehmen strategisch positionieren?
    Positionierungen zum Thema Nachhaltigkeit. *CCaSS News, 17,* 4–9.
Heißner, S., & Benecke, F. (2013). Compliance-Praxis im Wandel: Von der reinen Kontrolle zum
    Integrity Management. *Der Betrieb, 48,* 2923.
Homann, K. (1990). Wettbewerb und Moral. In C. Lütge (Hrsg.), *Vorteile und Anreize: Zur
    Grundlegung einer Ethik der Zukunft* (S. 23–44). Tübingen: Mohr Siebeck.
Homann, K. (1994). Die Moralische Qualität der Marktwirtschaft. *List Forum für Wirtschafts- und
    Finanzpolitik, 20,* 15–27.
Homann, K., & Suchanek, S. (2005). *Ökonomik – Eine Einführung* (2. Aufl.). Tübingen: Mohr
    Siebeck.
Husted, B. W. (2005). Risk management, real options and corporate rsponsibility. *Journal of Business
    Ethics, 60*(2), 175–183.

International Organization for Standardization (ISO). (Hrsg.). (2009). ISO 31000:2009 Risk management – Principles and guidelines. Genf.

Kotchen, M. J., & Moon, J. J. (2011). Corporate social responsibility for irresponsibility. Working Paper, National Bureau of Economic Research (Nr. 17254). Cambridge.

Lin-Hi, N. (2009). Eine Theorie der Unternehmensverantwortung: Die Verknüpfung von Gewinnerzielung und gesellschaftlichem Interesse. Berlin: Erich Schmidt Verlag GmbH & Co.

Lin-Hi, N., & Blumberg, I. (2011). The relationship between corporate governance, global governance, and sustainable profits: Lessons learned from BP. *Corporate Governance, 11*(5), 571–584.

Lin-Hi, N., & Blumberg, I. (2012a). The link between self- and societal interests in theory and practice. *European Management Review, 9*(1), 19–30.

Lin-Hi, N., & Suchanek, A. (2011a). Corporate Social Responsibility als Integrationsherausforderung: Zum systematischen Umgang mit Konflikten zwischen Gewinn und Moral. *Zeitschrift für Betriebswirtschaftslehre, 81*(1), 63–91.

Luhmann, N. (2000/2011). *Organisation und Entscheidung* (3. Aufl.). Wiesbaden: VS Verlag für Sozialwissenschaften.

Margolis, J. D., & Walsh, J. P. (2003). Misery loves companies: Rethinking social initiatives by business. *Administrative Science Quarterly, 48*(2), 268–305.

Minor, D. B. (2011). Corporate citizenship as insurance: Theory and evidence. Working paper, Haas School of Business. University of California, Berkeley.

Minor, D. B., & Morgan, J. (2011). CSR as reputation insurance: Primum non nocere. *California Management Review, 53*(3), 40–59.

Mishra, S., & Modi, S. B. (2012, 28. Okt.). Positive and negative corporate social responsibility, financial leverage, and idiosyncratic risk. *Journal of Business Ethics,* Onlineausgabe.

Mitchell, R. K., Agle, B. R., & Wood, D. J. (1997). Toward a theory of stakeholder identification and salience: Defining the principle of who and what really counts. *Academy of Management Review, 22*(4), 853–886.

Nestler, C., Salvenmoser, S., & Bussmann, K. (2010). *Compliance und Unternehmenskultur – Zur aktuellen Situation in deutschen Großunternehmen*. Frankfurt a. M.: Kohlhammer und Wallishauser GmbH.

New York Times. (2012). Why I am leaving goldman sachs. http://www.nytimes.com/2012/03/14/opinion/why-i-am-leaving-goldman-sachs.html?_r=2. Zugegriffen: 22. März 2014.

Peloza, J. (2005). Corporate social responsibility as reputation insurance. Working Paper Series, Center for Responsible Business. University of California, Berkeley.

Peloza, J. (2006). Using corporate social responsibility as insurance for financial performance. *California Management Review, 48*(2), 52–72.

Pooria, M. (2009). Kulturbedingte Interaktionsprobleme: Eine Analyse aus der Perspektive der Neuen Institutionenökonomik. Saarbrücken: Suedwestdeutscher Verlag für Hochschulschriften.

Regierungskommission DCGK. (Hrsg.). (12. Mai 2012). Deutscher Corporate Governance Kodex. Fassung vom.

Schiel, C. (2009). *Risikomanagementmethoden für Pharmaunternehmen*. Hamburg: Diplomica Verlag.

Schiel, C. (2013). Vertrauenswürdigkeit als Gestaltungsaufgabe für Unternehmen. *Zeitschrift Führung + Organisation, 82*(4), 267–272.

Schiel, C. (2014). Vertriebskultur versus Risikokultur. *Sales Management Review, 23*(2).

Schreck, P. (2011). Reviewing the business case for corporate social responsibility: New evidence and analysis. *Journal of Business Ethics, 103*(2), 167–188.

Suchanek, A. (2007). *Ökonomische Ethik* (2. Aufl.). Tübingen: UTB.

Suchanek, A. (2012a). Vertrauen als Grundlage nachhaltiger unternehmerischer Wertschöpfung. In A. Schneider & R. Schmidpeter (Hrsg.), *Corporate Social Responsibility – Verantwortungsvolle Unternehmensführung in Theorie und Praxis* (S. 55–66). Berlin: Springer.

Suchanek, A. (2012b): Vertrauen in die Führungseliten aus Sicht der Wissenschaft. In Wittenberg-Zentrum für Globale Ethik e. V. (Hrsg.), Diskussionspapier Nr. 3.

Suchanek, A., & von Broock, M. (2008): Wertemanagement und Konsistenz. In Bertelsmann Stiftung (Hrsg.), *Wertemanagement und Wertschöpfung in Unternehmen: Fallstudien international erfolgreicher Unternehmen*. Gütersloh: Verlag Bertelsmann Stifung.

Suchanek, A., & von Broock, M. (2011). Konzeptionelle Überlegungen zum Leitbild für verantwortliches Handeln in der Wirtschaft. In Wittenberg-Zentrum für Globale Ethik e. V. (Hrsg.), Diskussionspapier Nr. 2.

Suchman, M. C. (1995). Managing legitimacy: Strategic and institutional approaches. *Academy of Management Review, 20*(3), 571–611.

Unerman, J. (2008). Strategic reputation risk management and corporate social responsibility reporting. *Accounting, Auditing & Accountability Journal, 21*(3), 362–364.

Wieland, J. (2001). Eine Theorie der Governanceethik. *Zeitschrift für Wirtschafts- und Unternehmensethik, 2*(1), 8–33.

Wieland, J. (2005). Governanceethik und moralische Anreize. In T. Beschorner, B. Hollstein, M. König, M.-Y. Lee-Peuker, & O. J. Schumann (Hrsg.), *Wirtschafts-und Unternehmensethik. Rückblick – Ausblick – Perspektiven* (S. 251–280). München: Hampp.

Wieland, J. (2012). Strategische normative Unternehmensführung und Compliance Management. Audit Committee Institute (Hrsg), Audit Committee Quarterly, Nr. 2.

Wieland, J., & Fürst, M. (2002). WerteManagement – Der Faktor Moral im Risikomangement, KIeM. Working Paper Series, Nr. 1.

Wieland, J., & Grüninger, S. (2000). EthikManagementSysteme und ihre Auditierung. In J. Wieland (Hrsg.), *Dezentralisierung und weltweite Kooperationen. Die moralische Verantwortung der Unternehmen*. Marburg: Metropolis.

Wolff, B., & Pooria, M. (2004). Kultur im internationalen Management aus Sicht der Neuen Institutionenökonomik. In G. Blümle, N. Goldschmidt, R. Klump, B. Schauenberg, & H. von Senger (Hrsg.), *Perspektiven einer kulturellen Ökonomik* (Bd. 1, S. 451–470). Münster: LIT.

Wichtige Kompetenzen für Entscheidungsträger

2

2.1 Die Ermöglichung der Kompatibilität von Gewinn und Moral ist eine anspruchsvolle Führungsaufgabe

Für die Entwicklung eines Konzepts zum nachhaltigen Umgang mit Konflikten zwischen Gewinn und Moral muss zunächst ein hinreichend gemeinsames Verständnis darüber erlangt werden, was der Begriff *Moral* eigentlich beinhaltet und in welchem Verhältnis Konzepte wie Gewinn und Risiko hierzu stehen. Ein solches gemeinsames Verständnis ist wiederum die Grundlage für die Entwicklung praktischer Managementkompetenzen zum Umgang mit möglichen Konflikten im Alltag.

Lin-Hi und Blumberg (2012b) diskutieren Voraussetzungen für das nachhaltig erfolgreiche Management der gesellschaftlichen Akzeptanz von Unternehmen. Die Autoren nennen hierfür drei konkrete Managementkompetenzen: „1) the ability to prove that business and profit-making do have a societal function, 2) the knowledge of what defines responsible business, and 3) the ability to organize responsible decision-making within their corporations" (Lin-Hi und Blumberg 2012b, S. 247).

Die grundlegende Bedeutung des Moralverständnisses ist zentral für die Implementierung geeigneter Maßnahmen im betrieblichen Alltag. Wird etwa die Absicht eines Unternehmens, Gewinne zu erzielen, grundsätzlich als unmoralisch angesehen, sind Manager permanent gefangen im vermeintlichen Widerspruch zwischen den Erfordernissen ihres Berufes und der moralischen Verurteilung der dabei verfolgten Ziele. Konstruktive und praktikable Managementkonzepte, die sowohl moralische als auch ökonomische Bedingungen reflektieren, sind auf dieser Grundlage nicht vorstellbar.

© Springer-Verlag Berlin Heidelberg 2014
C. Schiel, *Management moralischer Risiken in Unternehmen,*
DOI 10.1007/978-3-642-41381-0_2

▶ Die folgenden Managementkompetenzen werden als relevant für den Umgang mit den beschriebenen Voraussetzungen angesehen:

1. Die Fähigkeit zum Nachweis des gesellschaftlichen Vorteils durch das eigene Gewinnstreben basierend auf einem Moralverständnis, welche Gewinn und Moral als grundsätzlich kompatibel betrachtet
2. Die Fähigkeit zur Identifikation von Merkmalen verantwortlicher Unternehmensführung als Voraussetzung für ein Bewusstsein über unverantwortliches Handeln und ein entsprechendes *Risikoverständnis*.
3. Die Fähigkeit zur Organisation von Prozessen in Unternehmen basierend auf der Erkenntnis, dass die Handlungen aller Unternehmensmitglieder durch geeignete *Managementprozesse* so zu organisieren sind, dass verantwortliches Handeln für jeden Beteiligten anreizkompatibel ist.

2.2 Moralverständnis als Führungskompetenz

▶ Eine zentrale Voraussetzung für das Management von Spannungsfeldern zwischen Gewinn und Moral ist ein grundlegendes Verständnis davon, in welchem Verhältnis die eigene gewinnorientierte Geschäftsstrategie zu gesellschaftlichen Zielen steht.

Ein praktikabler Ansatz für moralisches Risikomanagement erfordert ein zugrundeliegendes Moralverständnis, welches Gewinn und Moral als prinzipiell kompatible Begriffe versteht: „Corporate leaders must be able to prove that business and profit-making do have a societal function" (Lin-Hi und Blumberg 2012b, S. 247). Kompatibilität bedeutet dabei ausdrücklich nicht, dass keine Konflikte zwischen gewinn und Moral möglich sind. Gerade aufgrund der offensichtlichen Existenz zahlreicher Konflikte im Alltag wird moralisches Risikomanagement überhaupt erst relevant.

Kompatibilität bedeutet zunächst, dass prima facie kein hierarchisches Verhältnis zwischen beiden Konzepten angenommen wird, welches prinzipiell vorgibt, ob Konflikte zu Gunsten des Gewinns oder der Moral zu lösen sind. Ein solches Vorgehen birgt stets die Gefahr normativistischer oder empiristischer *Fehlschlüsse*.

Normativistische Fehlschlüsse entstehen, wenn aus moralischen Idealen (z. B. Gerechtigkeitsidealen) normative Aussagen abgeleitet werden, ohne die empirischen Umstände, beispielsweise das Wettbewerbsumfeld eines Unternehmens, zu berücksichtigen. Empiristische Fehlschlüsse entstehen wiederum dann, wenn aus empirischen (z. B. Wettbewerbs-) Bedingungen normative Aussagen abgeleitet werden, ohne deren Verhältnis zu den moralischen Idealen der Gesellschaft zu hinterfragen. Siehe hierzu insbesondere Suchanek (2007, S. 31 ff.).

Kompatibilität bedeutet darüber hinaus, dass es im Rahmen des verwendeten Moralverständnisses grundsätzlich möglich sein sollte, beide Konzepte – Gewinn und Moral – in ein wechselseitig fruchtbares Verhältnis zu bringen. Die grundlegende inhaltliche Bedeutung beider Konzepte ist hierfür in einer Weise zusammenzuführen, die eine verständliche Formulierung einer konkreten Managementaufgabe ermöglicht. Diese inhaltliche Kompatibilität ist eine elementare Voraussetzung für die Alltagstauglichkeit von hieraus abgeleiteten Maßnahmen im Falle von Konflikten zwischen Gewinn und Moral. Inkompatibilität hätte indes zur Folge, dass die Unternehmensführung entweder moralische Ideale ignorieren oder durch den Verzicht auf Gewinn systematisch und dauerhaft gegen die Unternehmensinteressen verstoßen müsste. Beide Varianten bergen enorme Risiken sowohl für Unternehmen als auch für die Gesellschaft als Ganzes und können deshalb auf lange Sicht nicht nachhaltig sein.

Sofern dem Verzicht auf Gewinn eine moralische Qualität zugewiesen wird, wäre dies ökonomisch nur dann nachvollziehbar, wenn damit die Chance auf spätere Erträge verbunden ist. Von keinem Akteur kann im Namen der Moral verlangt werden, dauerhaft und systematisch gegen die eigenen Interessen zu verstoßen (Suchanek 2007). Ein (kurzfristiger) Verzicht wäre dann als Investition zur Erzielung zukünftiger Gewinne zu verstehen und zu beschreiben. Dies setzt jedoch voraus, dass sich ein geforderter Verzicht tatsächlich als Business Case für Unternehmen darstellen lässt.

▶   Das zugrundeliegende Moralverständnis muss geeignet sein, moralische Erwartungen und ökonomische Handlungsbedingungen systematisch zu reflektierten normativen Empfehlungen zu verknüpfen.

Weiterhin sollten sich aus dem Moralverständnis geeignete *Orientierungspunkte* ableiten lassen, an denen sich Manager beim Umgang mit moralökonomischen Spannungsfeldern orientieren können. Um Manager im betrieblichen Alltag bei der Entscheidungsfindung zu unterstützen, sollten Orientierungspunkte hinreichend stabil, verständlich und für ökonomische Fragestellung relevant sein.

Orientierungspunkte koordinieren die wechselseitigen Erwartungen verschiedener Akteure (Schelling 1960/1980). Um diese Funktion erfüllen zu können, müssen sie jedoch bestimmte Eigenschaften aufweisen. Homann und Suchanek (2005, S. 90 f.) betonen in diesem Zusammenhang insbesondere die Stabilität und die Verständlichkeit von Orientierungspunkten als wichtige Voraussetzungen für die Erfüllung der ihnen zugedachten Koordinierungsfunktion.

2.3   Risikoverständnis als Führungskompetenz

▶   Ein konsistentes Verständnis von Moral ermöglicht im Weiteren die Entwicklung eines operationalisierbaren Risikoverständnisses. Risiken beziehen sich hier konkret auf das Gelingen verschiedenster Beziehungen des Unternehmens zu internen und externen Akteuren.

Für die Analyse der Entstehung moralischer Risiken ist es wichtig zu verstehen, ob und wie sich Entscheidungen und Handlungen des Unternehmens, beziehungsweise seiner Führungskräfte, auf andere Akteure, beispielsweise Mitarbeiter, Gewerkschaften, Umweltorganisationen oder staatliche Behörden, auswirken oder auswirken könnten. Hiervon wird beeinflusst, welche Erwartungen diese Akteure jeweils an *die Unternehmen* im Allgemeinen oder an *spezielle Unternehmen* stellen.

Die Antizipation möglicher Konfliktfelder zwischen diesen Erwartungen und den vom Wettbewerbsumfeld des Unternehmens beeinflussten Entscheidungen und Handlungen ist letztlich eine wichtige Voraussetzung für den professionellen Umgang mit hieraus resultierenden Chancen und Risiken.

Die moralische Qualität bestimmter Unternehmenshandlungen ist darüber hinaus keineswegs die einzige Quelle von moralischen Risiken.

Nicht selten werden aufgrund moralischer Urteile über beobachtete Unternehmenshandlungen Erwartungen an einzelne Unternehmen adressiert, die diese nicht oder nicht ohne negative Auswirkungen auf andere Akteure erfüllen können. Beispielsweise wäre dies der Fall wenn Unternehmen mit Verweis auf die inländischen Mitarbeiter aufgefordert würden, die Verlagerung ihrer Produktion in Niedriglohnländer zu unterlassen. Zum einen stehen den negativen Auswirkungen, die den heimischen Arbeitern und ihren Familien durch den drohenden Arbeitsplatzverlust entstehen, in der Regel die persönlichen Schicksale der Arbeiter und deren Familien an den neuen Standorten gegenüber. Zum anderen ist zu befürchten, dass dem Unternehmen durch Verzicht auf Produktionsverlagerungen Wettbewerbsnachteile entstehen, die auf lange Sicht ebenfalls zu Stellenabbau am Heimatstandort führen können.

▶   Moralische Erwartungen dürfen nicht automatisch als legitim und gegeben vorausgesetzt werden, sondern sind steht hinsichtlich ihrer Konsequenzen für andere betroffene Akteure zu hinterfragen.

Ein besseres Verständnis des Verhältnisses von Moral, Gewinn und Risiko kann Entscheidungsträger dabei unterstützen, an sie adressierte moralische Erwartungen hinsichtlich ihrer gesamtgesellschaftlichen Folgen zu hinterfragen.

Eine Möglichkeit, die Begriffe zueinander ins Verhältnis zu setzen, wäre die Modellierung von *Gewinn als Risikofaktor* für die Verwirklichung moralischer Ziele. Die Erreichung moralischer Ideale, etwa der Schutz der Umwelt, würde in dieser Sichtweise potenziell durch individuelles Gewinnstreben beeinträchtigt. In Bezug auf Unternehmen könnte dies etwa bedeuten, dass zur Maximierung des Unternehmensgewinns Qualitäts- und Sicherheitsvorschriften vorsätzlich nicht beachtet würden und es in der Folge zu Arbeitsunfällen oder Umweltschädigungen mit negativen Auswirkungen auf die Allgemeinheit käme. Obwohl derartige Beispiele im Alltag keineswegs selten zu finden sind, würde eine Modellierung von Gewinn als Risikofaktor für die Erreichung moralischer Ziele über die plakative Missbilligung des Gewinnstrebens hinaus keine sinnvollen Gestaltungsimpulse für einen praktikablen Managementansatz liefern. Stattdessen bestünde die Gefahr normativistischer Fehlschlüsse, wenn in der Konsequenz etwa als Risikomanagementmaßnahme gefordert würde, die Erzielung von Gewinn systematisch zu unterlassen.

Eine weitere Möglichkeit wäre die Modellierung von *Moral als Risikofaktor* für die Gewinnmaximierung. Gemäß einer solchen Logik wäre etwa die Erfüllung moralischer Forderungen verschiedener Akteure potenziell mit Kosten für Unternehmen, beispielsweise für Umweltschutzmaßnahmen in der Produktion, verbunden, die zu Wettbewerbsnachteilen und niedrigeren Gewinnen führen können. Moral würde so die Möglichkeiten der Gewinnerzielung systematisch beeinträchtigen. Auch hieraus können keine sinnvollen Gestaltungsimpulse für die Auflösung von Konflikten zwischen Gewinn und Moral abgeleitet werden. Allerdings können empiristische Fehlschlüsse im Rahmen des Risikomanagements entstehen, wenn beispielsweise mit Verweis auf die Wettbewerbssituation moralische Forderungen beteiligter Akteure ignoriert werden, weil sie dem primären Ziel der Gewinnmaximierung angeblich entgegenstehen. Hierbei würden mögliche Synergien zwischen Gewinn und Moral systematisch verkannt, wodurch einerseits Gewinnchancen nicht realisiert und zugleich Verlustrisiken erhöht werden können.

Beide Arten der Modellierung des Verhältnisses von Moral, Gewinn und Risiko liefern unzureichende Gestaltungsimpulse und sind anfällig für normativistische und empiristische Fehlschlüsse. Sie erscheinen deshalb ungeeignet für die Entwicklung eines praktikablen Risikomanagementkonzeptes.

Aussichtsreicher erscheint indes eine dritte Variante, bei der *Inkonsistenzen zwischen Gewinn und Moral als Risikofaktoren* für das Gelingen von Interaktionsbeziehungen verstanden werden. Moralisches Risikomanagement würde sich dann mit der Identifikation von Diskrepanzen, mit der Bewertung ihrer Relevanz und schließlich mit dem systematischen Management befassen und dabei methodisch an den strukturellen Ursachen von Diskrepanzen ansetzen.

2.4 Organisationsverständnis als Führungskompetenz

▶ Auf der Basis des zugrundeliegenden Moralverständnisses und eines hieraus entwickelten Risikoverständnisses können schließlich Ansatzpunkte für die Gestaltung von Prozessen und Strukturen abgeleitet werden. Erst ihre nachhaltige Implementierung in das Geschäftsmodell eines Unternehmens sowie dessen zentrale Aufbau und Ablauforganisation ermöglichst ein professionelles Management von möglichen Risiken im betrieblichen Alltag.

Um den professionellen Umgang mit moralökonomischen Spannungsfeldern im Alltag zu systematisch zu ermöglichen, stehen Manager vor der Herausforderung, einen *effektiven*, *effizienten* und *operativ umsetzbaren* Risikomanagementprozess zu etablieren.

Effektivität bezieht sich auf das Ziel der Sicherstellung eines professionellen und systematischen Umgangs mit auftretenden Diskrepanzen zwischen Gewinn und Moral. Risikomanagement darf dabei keineswegs allein auf die Vermeidung von beobachteten Diskrepanzen reduziert werden. Da eine vollständige Vermeidung moralischer Risiken in vielen Fällen nicht möglich sein wird und das Management gegebenenfalls bestimmte Risiken aktiv einzugehen bereit ist, sollte der Prozess eher auf die bewusste Steuerung und Kontrolle von Diskrepanzen ausgerichtet sein. Dies setzt jedoch einen systematischen Früherkennungsprozess voraus, der das Management in die Lage versetzt, rechtzeitig geeignete Maßnahmen zu ergreifen und noch verbleibende Handlungsspielräume zu nutzen, bevor sich einzelne Risiken zu bestandsgefährdenden Krisen konkretisieren können. Ein wesentlicher Prozessschritt ist deshalb die Bewertung der *Relevanz* moralischer Risiken für das Gelingen von Beziehungen zu Kunden, Mitarbeitern, Lieferanten und anderen Akteuren.

Effizienz bedeutet darüber hinaus, dass die für das Management von Diskrepanzen zwischen Gewinn und Moral aufgewendeten betrieblichen Ressourcen so wirtschaftlich wie möglich eingesetzt werden. Damit soll nicht zuletzt die pauschale Bereitstellung von Mitteln „für gute Zwecke" im Hinblick auf ernsthaftes und effizientes moralisches Risikomanagement hinterfragt werden.

Ein wichtiger Indikator für die Effizienz von Risikomanagementmaßnahmen sind die *Gesamtrisikokosten* (total cost of risk). Sie umfassen alle Kosten für das Unternehmen, die durch das Risiko selbst und durch die getroffenen Risikomanagementmaßnahmen entstehen. Eine Intensivierung der Risikomanagementmaßnahmen sollte im Regelfall zu einer Senkung der Kosten für das Risiko führen. Risikomanagementmaßnahmen sind folglich bis zu jenem Punkt effizient, an dem die zusätzlichen Kosten für eine weitere Maßnahme die Kosteneinsparung durch die weitere Reduzierung des Risikos aufwiegen oder diese sogar übersteigen.

Operationalisierbarkeit ist die dritte Anforderung an einen geeigneten Managementprozess. Diese Anforderung betrifft die Anwendung des Konzepts durch die betroffenen Akteure, etwa die Mitarbeiter eines Unternehmens – *im Alltag*. Ein wichtiger Aspekt ist dabei die Verständlichkeit des Prozesses für alle beteiligten Personen. Sie müssen in der Lage sein, die Prozessziele zu verstehen, konkrete Maßnahmen abzuleiten und die Prozessergebnisse anhand geeigneter Indikatoren beurteilen zu können. Die Bewertung der Prozessergebnisse muss dabei nicht zwingend in Form von quantitativen Messungen erfolgen. Gerade im Zusammenhang mit moralischen Fragestellungen erscheint dies aufgrund der Vielzahl an nicht direkt messbaren Faktoren kaum praktikabel. In vielen Fällen genügt es bereits, die Auswirkung einer konkreten Maßnahme auf die Erreichung eines angestrebten Ziels qualitativ beurteilen zu können.

In der Regel ist der zu etablierende Risikomanagementprozess in eine bereits bestehende Governancestruktur einzubinden. Hierfür ist zunächst ein tiefgründiges Verständnis der betrieblichen Aufbau und Ablauforganisation sowie der bestehenden Unternehmenskultur zu erlangen, bevor sinnvolle Implementierungsschritte erarbeitet werden können.

Literatur

Homann, K., & Suchanek, S. (2005). *Ökonomik – Eine Einführung* (2. Aufl.). Tübingen: Mohr Siebeck.

Lin-Hi, N., & Blumberg, I. (2012b). Managing the social acceptance of business: Three core competencies in business ethics. *Business & Professional Ethics Journal, 31*(2), 247–263.

Schelling, T. C. (1960/1980). *The strategy of conflict.* Cambridge: Harvard University Press.

Suchanek, A. (2007). *Ökonomische Ethik* (2. Aufl.). Tübingen: UTB.

3.1 Zur moralischen Legitimität des Gewinns

3.1.1 Gewinn als Ergebnis gesellschaftlicher Kooperation

3.1.1.1 Kooperation und Konflikt

▶ Aus dem Umstand des menschlichen Zusammenlebens in sozialen Gruppen und aus dem Problem der Knappheit von verfügbaren Ressourcen ergeben sich unvermeidlich Wechselwirkungen zwischen den Individuen. Simmel (1894/1992) erhebt diese Wechselwirkungen zum *Grundproblem der Sozialwissenschaften* und beschreibt sie als Merkmal jedes gesellschaftlichen Zusammenlebens: „Gesellschaft im weitesten Sinne ist offenbar da vorhanden, wo mehrere Individuen in Wechselwirkung treten." (Simmel 1894, S. 54).

Die *Wirtschaftswissenschaft*, als Teilgebiet der Sozialwissenschaften, widmet sich der Frage, wie die Koordination gesellschaftlicher Wechselwirkungen zur Lösung des Problems der „Knappheit der Güter und der Unbegrenztheit menschlicher Bedürfnisse" (Wöhe 2002, S. 1) beitragen kann.

In der *Volkswirtschaftslehre* wird diese Koordinationsaufgabe traditionell als Allokationsproblem betrachtet.[1] Der Knappheit soll dabei durch größtmögliche Effizienz beim

---

[1] Vgl. beispielsweise die bei Samuelson und Nordhaus (1998, S. 28) verwendete Definition des Fachgebietes: „Volkswirtschaftslehre ist die Wissenschaft vom Einsatz knapper Ressourcen durch die Gesellschaft zur Produktion wertvoller Wirtschaftsgüter und von der Verteilung dieser Güter unter ihren Mitgliedern."

© Springer-Verlag Berlin Heidelberg 2014

C. Schiel, *Management moralischer Risiken in Unternehmen*,

DOI 10.1007/978-3-642-41381-0_3

Einsatz von Ressourcen begegnet werden.[2] Über die Verwendung verfügbarer Ressourcen kann jedoch ein einzelner Akteur nur selten allein entsprechend seiner eigenen Präferenzen entscheiden. In der Regel finden Allokationsentscheidungen im Kontext gemeinsamer und gegensätzlicher Interessen verschiedener beteiligter Akteure statt, sodass Knappheit als Auslöser für ein weiteres bedeutsames ökonomisches Problem anzusehen ist, nämlich den Konflikt.

Die Veränderung der ökonomischen Perspektive von Allokationsproblemen hin zu Interaktionsproblemen wurde inspiriert durch Coase (1960). Damit einher geht konsequenterweise die Strukturierung von Interaktion als neues Aufgabenverständnis der Ökonomik. Denn erst durch die systematische Berücksichtigung von interessengeleiteten Konflikten interdependenter Akteure um knappe Ressourcen kann eine realitätsnahe Modellierung sozialer Probleme gelingen.

Der Umgang mit ökonomischen Konflikten beruht auf einer Modellierung der *Interaktion* verschiedener Akteure bei der Erstellung, Nutzung und Verteilung von Ressourcen. Sie befasst sich dabei mit:

- Möglichkeiten,
- Problemen und
- grundlegenden Bedingungen

gesellschaftlicher Kooperation (Homann und Suchanek 2005, S. 5).[3]
    Die sich im Rahmen von Kooperationsbeziehungen bietenden *Möglichkeiten* umfassen im Wesentlichen die Erzielung von Kooperationsgewinnen durch gesellschaftliche Zusammenarbeit zur Realisierung gemeinsamer Interessen. *Probleme* basieren indes auf Interessenkonflikten interdependenter Akteure, etwa hinsichtlich des Rechts auf Nutzung bestimmter knapper Ressourcen. Verschiedene empirische *Bedingungen* des Alltags beeinflussen, inwieweit Kooperationsmöglichkeiten genutzt, beziehungsweise Kooperationsprobleme vermieden werden können. Diese Bedingungen sind zu identifizieren, in ihrer Wirkung zu beschreiben und letztlich hinsichtlich ihrer Relevanz für das Gelingen von Interaktionsbeziehungen zu bewerten.

3.1.1.2 Die moralische Qualität der Gewinnerzielung

Da gesellschaftliche Kooperation wie gesehen *Möglichkeiten und Probleme* beziehungsweise *Chancen und Risiken* impliziert, geht es im Rahmen einer *normativen Ökonomik* weniger um die Frage ob Gewinnerzielung an sich moralisch ist, sondern vielmehr darum, welche Strategien der Gewinnerzielung eher mit Chancen oder mit Risiken für das

---

[2] Samuelson und Nordhaus (1998, S. 29) beschreiben Effizienz als die „völlige Vermeidung von Verschwendung oder die größtmögliche Effektivität beim Ressourceneinsatz zur Befriedigung der Bedürfnisse und Wünsche der Menschen."

[3] Gesellschaft wird dabei in Anlehnung an Rawls (1979, S. 105) verstanden als „Unternehmen der Zusammenarbeit zum gegenseitigen Vorteil".

Gelingen gesellschaftlicher Kooperation verbunden sind. Sie widmet sich also Spannungsfelder, die durch das gleichzeitige Auftreten von Kooperations- und Konfliktpotenzial im
Rahmen von sozialen Beziehungen entstehen.

Normative Ansätze mit ökonomischer Methode (Homann 1996; Suchanek 2007) sind auf
die Erzielung von Kooperationsgewinnen bei gleichzeitiger Vermeidung der Schlechterstellung einzelner Interaktionspartner oder unbeteiligter Dritter ausgerichtet.[4] Im Mittelpunkt
steht die Frage, „wie die einzelnen Handlungen von Wirtschaftssubjekten so koordi-
niert werden (können), dass das Ergebnis dieser Handlungen zugleich kollektiv rationale
bzw. gesellschaftlich erwünschte Ergebnisse hervorbringt." (Suchanek und Kerscher 2009,
S. 254).

▶   Gewinnerzielung ist demnach aus moralischer Sicht legitim, sofern sie einem
    gesamtgesellschaftlichen Interesse dient (Homann 1990/2002, 1994) und der
    erzielte Gewinn nicht aus einer Schlechterstellung bzw. Schädigung anderer
    Akteure resultiert (Suchanek 2007).

Da diese Koordinationsaufgabe aufgrund verschiedener empirischer Bedingungen des
Alltags keineswegs trivial ist, wäre weiter zu fragen, wie gesellschaftliche Ideale „un-
ter den modernen Bedingungen einer eher internationalen, wettbewerblich verfassten
Marktwirtschaft zur Geltung gebracht werden können" (Pies und Winning 2005, S. 495).

Die Auswirkungen dieser empirischen Bedingungen auf die Effizienz von Strukturen und
Prozessen von Unternehmen sind wiederum Gegenstand der *Betriebswirtschaftslehre*. Ihre
Aufgabe ist die Entwicklung von Strategien zum bewussten und professionellen Umgang
mit empirischen (insbesondere Wettbewerbs –) Bedingungen. Hierfür werden geeignete
Orientierungspunkte und Heuristiken benötigt, die Führungskräfte in die Lage versetzen,
effiziente und nachhaltige Entscheidungen treffen zu können.[5]

▶   Normative Fragestellungen im Bereich der Betriebswirtschaftslehre betreffen
    insbesondere „das Problem der Implementierung moralischer Forderungen
    unter Wettbewerbsbedingungen" (Homann und Lütge 2005, S. 85).

Moralische Forderungen beziehungsweise moralische Erwartungen oder Urteile, verschiedener Gesellschaftsmitglieder beziehen sich häufig auf betriebliche Entscheidungsprozesse
sowie hieraus resultierende Handlungen und Handlungsergebnisse, mitunter auch auf zu-

---

[4] Aktuelle Arbeiten (Suchanek 2012a; Lin-Hi und Suchanek 2011a, 2011b) zeigen, dass der Vermeidung der Schlechterstellung direkter oder indirekter Interaktionspartner systematisch eine größere
Bedeutung bei der Lösung von Interaktionsproblemen zukommt, als der Erzielung von Vorteilen für
alle Betroffenen.

[5] Vgl. beispielsweise Wöhe (2002, S. 4). Für ihn ist der Gegenstandsbereich der Betriebswirtschaftslehre das „Handeln und damit der Entscheidungsprozeß im Betrieb".

grunde liegende Handlungsmotive.[6] Lin-Hi (2009) sieht die Gefahr, dass Unternehmen mit dem Management von moralischen Erwartungen unter Wettbewerbsbedingungen überfordert werden.[7] Der Umstand, dass sowohl die Erfüllung als auch die Nichterfüllung normativer Erwartungen zu Chancen und Risiken für das Gelingen von Kooperationsbeziehungen führen kann, verstärkt diese potenzielle Überforderung noch und verdeutlicht den Bedarf an geeigneten Managementinstrumenten.

Es soll deshalb im Folgenden ein Verständnis von *Unternehmensethik* erarbeitet werden, welches das Management moralischer Erwartungen unter Wettbewerbsbedingungen in einen systematischen Zusammenhang mit den hieraus erwachsenden Chancen und Risiken bringt und dabei zugleich Impulse für die Gestaltung von betrieblichen Strukturen, Prozessen und Systemen gibt.

3.1.1.3 Gewinn durch Einräumung von Verfügungsrechten, Arbeitsteilung und Tausch

Gewinn durch Einräumung von Verfügungsrechten

Die elementarste Form gesellschaftlicher Kooperation ist die wechselseitige Bereitschaft, den Anspruch eines Akteurs auf bestimmte Ressourcen und Vermögenswerte anzuerkennen und auf den Versuch einer gewaltsamen Aneignung zu verzichten.

Buchanan (1975/1984) beschreibt einen fiktiven Urzustand, in dem alle Akteure eine verschiedenartige Ausprägung von Fähigkeiten aufweisen, wodurch sich im Laufe der Zeit eine natürliche Verteilung von Vermögenswerten zwischen ihnen herausbildet. Je nach ihren Fähigkeiten werden die Akteure versuchen, Vermögenswerte selbst zu produzieren oder sie von anderen zu rauben. Folglich müssen sie einen Großteil ihrer Ressourcen, etwa in Form von Zeit oder Material, für die Verteidigung ihrer Vermögenswerte verwenden. Diese Ressourcen stehen dann nicht für die Produktion zur Verfügung. Eine glaubhafte wechselseitige Anerkennung der individuellen Ansprüche auf die gehaltenen Vermögenswerte würde in dieser Situation für alle Akteure zu einer Reduktion der Verteidigungskosten führen, womit die elementarste Form von Kooperationsgewinnen ermöglicht würde. Der mit der Anerkennung von Eigentumsrechten verbundene Vorteil für die Gesellschaft, also für Eigentümer und Nichteigentümer, liegt darin, dass Verteidigungskosten reduziert, Vermögenswerte deshalb produktiver genutzt und Investitionen in diese erleichtert werden können.[8]

---

[6] Ein Beispiel für häufig kritisierte Handlungsmotive ist die Gewinnerzielungsabsicht. Siehe hierzu auch Kim und Lee (2012) und Chee und Murachver (2012) sowie Lange und Washburn (2012).

[7] Siehe hierzu auch Griese und Zeiss (2012). Wieland (1999, 2005) betont als Ursache für Überforderungssituationen auch die im Vergleich zu individuellen Akteuren geringere moralische Sensibilität und Intuition korporativer Akteure bei der Identifikation und dem Management von moralökonomischen Spannungsfeldern und verweist auf die Bedeutung organisationaler Steuerungs- und Kontrollstrukturen.

[8] Siehe hierzu auch die Begründung des Eigentums durch die Vorteile für Nichteigentümer durch Mises (1927/2006).

Gewinn durch Arbeitsteilung und Tausch

Die Konstitution von Eigentums- und Verfügungsrechten ist weiterhin die Voraussetzung für die Ermöglichung von gesellschaftlichen Kooperationsgewinnen im Rahmen von einzelvertraglichen Beziehungen zwischen verschiedenen Individuen. Hierbei handelt es sich um Gewinne, die durch *Tausch* von Vermögenswerten mit anderen Akteuren oder durch *Arbeitsteilung* bei der Erstellung von Vermögenswerten entstehen. Erst wenn Verfügungsrechte hinreichend abgesichert sind, können Vermögenswerte überhaupt mit anderen Akteuren getauscht oder gemeinschaftlich und arbeitsteilig produziert werden (Homann und Suchanek 2005, S. 123 ff).

Der *Tausch* von Vermögenswerten mit anderen Akteuren ermöglicht Kooperationsgewinne, wenn die beteiligten Akteure dem Gut einen unterschiedlich hohen Wert beimessen. Da Tauschgeschäfte auf freiwilliger Basis beruhen, wird ein Akteur einen Vermögenswert nur dann gegen einen anderen tauschen, wenn er diesen anderen gleich oder höher bewertet als den eigenen. Ansonsten bestünde für ihn kein Anreiz zum Tausch. Da dies auch für den potenziellen Tauschpartner gilt, sind Tauschgeschäfte vorteilhaft für alle Beteiligten und keineswegs Nullsummenspiele, bei denen einer gewinnt was der andere verliert.[9]

Unterschiedliche Fähigkeiten der Akteure bei der Erstellung von Vermögenswerten sind die Grundlage für die Erzielung von Kooperationsgewinnen durch *Arbeitsteilung*. Die klassische Ökonomik unterscheidet hierbei in Kooperationsgewinne durch komparative Vorteile (Ricardo 1817/2004) und durch Produktivitätsvorteile (Smith 1776/1990). Zur Erzielung von Produktivitätsvorteilen wird die Produktion von Gütern in mehrere Teilschritte zerlegt, auf deren Umsetzung sich jeweils ein Akteur spezialisiert. Die Spezialisierung führt zu Vorteilen durch Lerneffekte und Skalenerträge, wodurch Güter effizienter erstellt werden können. Auf diese Weise bilden sich komparative Vorteile der Akteure bei bestimmten Teilschritten heraus, die wiederum zu Tauschgewinnen führen können.

Ein beispielhaftes Kooperationsmodell

Der individuelle und der kollektive Vorteil für die beteiligten Akteure aus der Erwirtschaftung eines Kooperationsgewinns sollen nun anhand eines vereinfachten Kooperationsmodells illustriert werden. Das Modell dient der Illustration relevanter Zusammenhänge bei der Erzielung von Kooperationsgewinnen und soll später zur Verdeutlichung der Implikationen bestimmter Wettbewerbsstrategien sowie der Ansatzpunkte für Risikomanagementprozesse dienen. Ein Gut wird von einem Anbieter (A) zu bestimmten Kosten produziert und auf dem Markt zum Erwerb angeboten.[10] Nachfrager (N) zahlen für dieses Produkt im Rahmen eines Tauschgeschäfts einen Preis an den Anbieter und können dann vom Nutzen

---

[9] Dies gilt allerdings nur dann, wenn der Tausch nicht durch Interaktionsprobleme, beispielsweise durch asymmetrische Informationen, beeinträchtigt wird. Vgl. hierzu Akerlof (1970) sowie Ripperger (1998/2005). Hierauf wird in einem späteren Abschnitt noch genauer eingegangen.

[10] Diese Kosten enthalten neben den Herstellkosten beispielsweise auch Kosten für das eingesetzte Kapital, etwa in Form von marktüblichen beziehungsweise risikoadäquaten Zins- oder Dividendenzahlungen an die Kapitalgeber.

des Produkts profitieren. Der (individuelle) Kooperationsgewinn des Anbieters, ergibt sich in diesem Fall aus dem erzielten Preis abzüglich der Kosten der Erstellung multipliziert mit der gehandelten Gütermenge. Der (individuelle) Kooperationsgewinn des Nachfragers ergibt sich hingegen aus seiner (individuellen) Nutzenbewertung des Produkts abzüglich des gezahlten Preises wiederum multipliziert mit der nachgefragten Menge an Gütern. Schließlich ergibt sich der (kollektive) Kooperationsgewinn aus der Summe der individuellen Gewinne der beteiligten Akteure.[11] Dieser kann in einer einfachen mathematischen Formel wie folgt dargestellt werden:

$$Gewinn\ des\ Anbieters + Gewinn\ des\ Nachfragers = Menge\ *\ (Preis\ -\ Kosten)\ +\ Menge$$
$$*\ (Nutzen\ -\ Preis) = Menge\ *\ (Nutzen\ -\ Kosten) = kollektiver\ Kooperationsgewinn$$

Die nachgefragte Menge ergibt sich anhand einer hier nicht näher zu spezifizierenden Nutzenfunktion und der Nebenbedingung aus einer ebenfalls nicht weiter spezifizierten Budgetrestriktion.[12]

   Das Kooperationsmodell wird später aufgegriffen und entwickelt, um insbesondere die Auswirkungen verschiedener Wettbewerbsstrategien auf die Erzielung von Kooperationsgewinnen und deren Verteilung unter den beteiligten Partnern aufzeigen zu können.

3.1.2   Individuelle und gesellschaftliche Perspektive auf die Gewinnerzielung

Interaktions- versus Individualperspektive
Eine normative Ökonomik befasst sich mit den Voraussetzungen für gelingende gesellschaftliche Kooperation *zum Vorteil aller Beteiligten* und unter *Vermeidung der Schlechterstellung unbeteiligter Dritter* (Suchanek 2007, 2012a).

▶   Aus der Sicht einer normativen Ökonomik sind *Kooperationsgewinne* in einer Weise anzustreben, welche die dauerhafte Schlechterstellung Einzelner vermeidet.

Wie genau jedoch erzielte Kooperationsgewinne letztlich unter den Beteiligten aufgeteilt werden, ist nur insofern ein ökonomisches Problem als dies Auswirkungen auf die Bereitschaft des Einzelnen zu kooperativem Verhalten in der Zukunft hat. Es ist mithin eine einschränkende Nebenbedingung. Genau an dieser Stelle unterscheidet sich jedoch die Interaktionsperspektive von der Individualperspektive. Die einzelnen, an der Interaktion

---

[11] An dieser Stelle ist zu beachten, dass der Kooperationsgewinn aus Gründen der Vereinfachung nicht in Abhängigkeit der produzierten oder gehandelten Gütermenge dargestellt wird. Es wird hier zunächst nur von einer gehandelten Leistung oder einem gehandelten Gut gesprochen.
[12] Eine Spezifikation ist an dieser Stelle noch nicht erforderlich, da hier zunächst kein Optimierungsproblem gelöst, sondern ein Interaktionsproblem illustriert werden soll.

beteiligten Akteure streben ebenfalls Kooperationsgewinne an, jedoch nicht zwingend zum Vorteil aller Betroffenen, sondern primär zum eigenen Vorteil.[13]

Während die Interaktionsperspektive die Schaffung von *Strukturen* als Voraussetzungen für die Ermöglichung von Gewinnen zum wechselseitigen Vorteil zum Inhalt hat, geht es in der individuellen Handlungsperspektive um die Entwicklung von *Strategien* zum Umgang mit bereits vorhandenen Strukturen zum Zweck der Gewinnerzielung zum eigenen Vorteil. Strukturen und Strategien sind jedoch keineswegs unabhängig voneinander zu betrachten, da sich Strategien einerseits an vorgegebenen Strukturen orientieren und andererseits die gewählte Strategie eines Akteurs Auswirkungen auf seine zukünftigen strukturellen Handlungsbedingungen haben kann.

Individuelle Handlungen werden durch natürliche, vom Interaktionspartner gesetzte oder von der Gesellschaft bestimmte Bedingungen ermöglicht oder begrenzt. In Bezug auf eine spezifische Interaktionssituation sind sie zumeist als gegeben anzunehmen. Im zeitlichen Verlauf aufeinanderfolgender Interaktionen hat der Einzelne jedoch häufig die Möglichkeit, durch sein Verhalten seine zukünftigen Handlungsbedingungen mitzugestalten (Suchanek 2007, S. 45 f.). Dieser Zusammenhang ist im folgenden Schema dargestellt:

▶   **Handlungsbedingungen t_0 → Handlung → Handlungsfolge → Handlungsbedingungen t_1**

Innerhalb dieser Bedingungen versuchen die Akteure also, die Höhe des eigenen Anteils am erzielten Kooperationsgewinn zu maximieren.

Je nach Problemstellung ist nun zu entscheiden, welche Lösung anzustreben ist:

a. eine kollektive Lösung durch Koordination interdependenter Handlungen durch Schaffung geeigneter Strukturen oder
b. eine individuelle Lösung durch Entwicklung von Strategien zum Umgang mit gegebenen Strukturen.

Jede Sichtweise macht eine eigene Art der Problemspezifizierung erforderlich. Dies wird in Abb. 3.1 schematisch dargestellt, indem auf Ebene 1 die jeweilige Zielstellung, auf Ebene 2 einschränkende Bedingungen und auf Ebene 3 methodische Lösungsansätze jeweils aus der individuellen und der kollektiven Perspektive dargestellt sind.

Die *Interaktionsperspektive* betrachtet das individuelle Vorteilsstreben der handelnden Akteure als relevante empirische Bedingung für das Gelingen von gesellschaftlicher Kooperation zum Vorteil aller Betroffenen. Die *Individualperspektive* der beteiligten Akteure betrachtet hingegen kollektive Interessen und hieraus resultierende normative Erwartungen

---

[13] Es sei an dieser Stelle an Adam Smiths Bild der unsichtbaren Hand erinnert: „Tatsächlich fördert [der Einzelne] in der Regel nicht bewußt das Allgemeinwohl, noch weiß er wie hoch der eigene Beitrag ist. [...] Er wird in diesem wie auch in vielen anderen Fällen von einer unsichtbaren Hand geleitet, um einen Zweck zu fördern, der keineswegs in seiner Absicht lag." (A. Smith 1776/1990, S. 370).

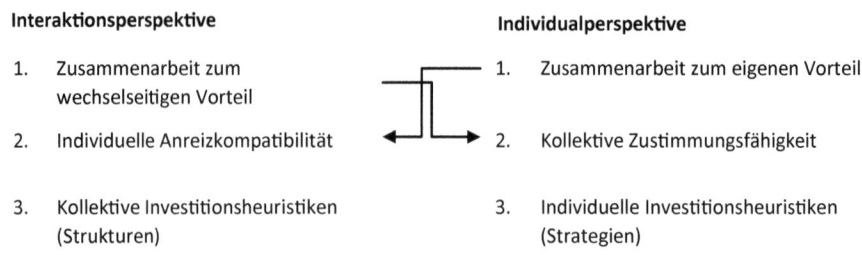

Abb. 3.1 Individuelle und gesellschaftliche Kooperationsgewinne

als relevante empirische Bedingung. Die jeweiligen Zielsetzungen auf Ebene 1 sind dabei zugleich empirische Bedingung für die jeweils andere Perspektive auf Ebene 2.

Beide Ansätze sind für die Strukturierung und Beantwortung unterschiedlicher Fragestellungen geeignet. Da Interaktionsprobleme (insbesondere im Zusammenhang mit Dilemmastrukturen) nicht systematisch auf der Handlungsebene eines einzelnen Akteurs gelöst werden können (Homann und Pies 1991), kann hier häufig eine Interaktionslogik sinnvollere Gestaltungsimpulse liefern. Diese zielt darauf ab, Handlungsbedingungen, etwa in Form von Regeln und korrespondierenden Sanktionsmechanismen, so zu strukturieren, dass ein bestimmtes gesellschaftlich gewünschtes Verhalten für den Einzelnen anreizkompatibel wird beziehungsweise dass Anreize für nicht gewünschtes Verhalten reduziert werden. Es geht folglich um die *Strukturierung der empirischen Bedingungen* zu einer funktionalen institutionellen Rahmenordnung, welche für Homann (1990/2002) den systematischen Ort der Moral in der modernen Gesellschaft darstellt.

Zugleich ist es insbesondere in den komplexen Interaktionsstrukturen globaler Märkte nicht immer möglich, eine kollektive Lösung zu erreichen. Als Ursachen hierfür werden in der Literatur im Wesentlichen Probleme bei der Antizipierbarkeit, Beschreibbarkeit und Verifizierbarkeit von Umweltzuständen sowie dabei anfallende Transaktionskosten diskutiert.[14] Empirische Bedingungen sind unter diesen Umständen kurzfristig nicht gestaltbar und deshalb als gegeben hinzunehmen. Stattdessen sind dann individuelle Strategien erforderlich, um mit diesen gegebenen Bedingungen bestmöglich umzugehen.

Die Unterscheidung dieser Perspektiven soll die in späteren Abschnitten unternommenen Bemühungen zur Problemlösung erleichtern, sodass spezifische Fragestellungen sinnvoll einer individuellen oder einer kollektiven Lösung zugeführt werden können.

Vorläufige Erkenntnisse

Beim Management moralischer Chancen und Risiken handelt es sich nicht lediglich um Probleme einzelner betroffener Unternehmen. Vielmehr agieren Unternehmen in

---

[14] Vgl. hierzu unter anderem Coase (1937), Williamson (1979), Grossman und Hart (1986), Kreps (1990) sowie Suchanek und Waldkirch (1999). Für eine Übersicht über den aktuellen Stand der wissenschaftlichen Diskussion siehe auch Aghion und Holden (2011).

einen Kontext gesellschaftlicher Strukturen, Anreizsysteme, Wechselwirkungen und Abhängigkeiten.

Moralisches Risikomanagement kann sich deshalb nicht mit moralischen Apellen begnügen, sondern es muss sich mit einem strukturellen Interaktionsproblem von gesamtgesellschaftlicher Relevanz befassen.

Obwohl diese gesellschaftlichen Rahmenbedingungen eine bedeutende Rolle bei der Entstehung moralischer Chancen und Risiken haben, ist der Einzelne keineswegs von individueller Verantwortung befreit. Inviduelle Verantwortung bezieht sich auf die Suche nach Möglichkeiten zur Investition in individuelle Strategien und kollektive Strukturen zum risikoorientieren Management von moralischen Spannungsfeldern.

Die nachhaltige Anwendung und Weiterentwicklung dieser Strategien und Strukturen – im unternehmenseigenen und im gesamtgesellschaftlichen Interesse – ist letztlich ebenfalls Bestandteil der individuellen Verantwortung jedes einzelnen Unternehmens und seiner Führungskräfte.

3.2 Moral und Wettbewerb als Einflussgrößen für den Unternehmenserfolg

3.2.1 Moralische Erwartungen

3.2.1.1 Was sind moralische Erwartungen?

▶   Unternehmen werden häufig mit gesellschaftlichen Erwartungen an ihr Verhalten konfrontiert und zunehmend in der moralischen Verantwortung für die Lösung verschiedenster gesellschaftlicher Probleme gesehen. Gerade multinationale Konzerne gelten aufgrund ihrer globalen Präsenz, ihrer finanziellen Möglichkeiten und ihrer organisatorischen Fähigkeiten als besonders geeignete Adressaten für normative gesellschaftliche Erwartungen. Verschiedene gut organisierte gesellschaftliche Gruppen fordern die Erfüllung dieser Erwartungen zudem zunehmend aktiv und nachdrücklich ein.

Im eigenen Interesse sollten sich Unternehmen aktiv mit dem Management moralischer Erwartungen an ihre Geschäftsgebahren auseinander setzen: „The imputation of responsibility is a weighty matter that sets in motion powerful institutional and psychological mechanisms of blame and condemnation and coercive responses in the law." (Murphy 1994, S. 67). Die jeweiligen Folgen der Erfüllung und der Nichterfüllung normativer Erwartungen sind demnach sowohl formal-institutioneller als auch informell-institutioneller und individuell-psychologischer Natur. Hierdurch wird bereits die enorme empirische Komplexität normativer Erwartungsbildungs- und Urteilsprozesse und deren Auswirkungen auf das Gelingen von Kooperationsbeziehungen angedeutet.

Zur besseren Einordnung von moralischen Erwartungen als empirische Handlungsbedingung wird hier auf den unter anderem bei Hegel verwendeten Begriff der Sittlichkeit
zurückgegriffen.

Hegels Begriff der Sittlichkeit basiert nicht auf einem normativen, sondern auf einem empirischen
Verständnis von Moral: „Die Moralität, wie das frühere Moment des formellen Rechts, sind beide
Abstraktionen, deren Wahrheit erst die Sittlichkeit ist." (Hegel 1820/2004, § 33). Sittlichkeit ist bei
Hegel eine der reinen Moralität, wie sie etwa bei Kant formuliert wird, übergeordnete Konzeption.[15]
Der Versuch Kants, die Grundlagen normativer Moral allein aus der Vernunft abzuleiten und das
Sollen dadurch konzeptionell vom Sein zu trennen, wird von Hegel als wenig hilfreich kritisiert.
Seine Kritik beruht im Kern darauf, dass Kants Moralität einer realen Welt entgegengesetzt wird, die
ihr gegenüber völlig gleichgültig ist. Ein Sollen, das vom Sein unabhängig ist, hat für Hegel keine
philosophische Relevanz, da es zwar gedacht, aber nicht realisiert werden kann.
    Als sinnvolles Objekt wissenschaftlicher Betrachtung sieht Hegel daher allein eine solche Morali-
tät, die im Sein bereits verwirklicht ist. Darunter versteht er historisch gewachsene Regeln, Gebräuche
oder Vorschriften, die in der Gesellschaft allgemein akzeptiert sind und die in der Realität tatsächlich Anwendung finden, weil sie dem allgemeinen und freien Willen der Gesellschaftsmitglieder
entspringen.
    Sittlichkeit ist demnach eine verwirklichte und empirisch beobachtbare Moral.

„Was soll ich tun?" – Die empirische Erforschung von Moral
Neben der Philosophie ist Moral auch Gegenstand verschiedener anderer Forschungsbe-
reiche, etwa der Soziologie, der Psychologie oder der Physiologie. Neben je spezifischen
Fragestellungen geht es in den genannten Disziplinen darum, ein besseres Verständnis
darüber zu erlangen, was Menschen aus verschiedenen sozialen Gruppen und Kulturen
empirisch als gutes und richtiges Handeln erachten, wie sie hieraus normative Erwartungen entwickeln, wie sie zu Urteilen gelangen und wie ihr Handeln hiervon beeinflusst
wird. In der empirischen Forschung wird Moralität üblicherweise als menschlicher Verhal-
tensmechanismus verstanden, der Kooperation und den Zusammenhalt sozialer Gruppen
fördert. Siehe hierzu beispielsweise Gintis (2009/2012). Es wird dabei deskriptiv erforscht,
welche Antworten verschiedene Individuen und Kulturen auf die Frage „Was soll ich tun?"
empirisch geben und wie sie zu dieser Antwort gelangen. Die hierbei erlangten Erkenntnisse können mitunter zur Verbesserung sozialer Interaktionsbeziehungen beitragen. Als
deskriptive Wissenschaften arbeiten sie mit den Kategorien wahr und falsch und wenden
sie auf die empirisch beobachtete Verwendung der Kategorien gut und schlecht an. Suchman (1995, S. 582) leitet aus empirischen Vorstellungen von gut und böse den Begriff der
kognitiven Legitimität in Abgrenzung zu moralischer und pragmatischer Legitimität ab.

---

[15] „Erst im Sittlichen ist der Wille identisch mit dem Begriff des Willens und hat nur diesen zu seinem
Inhalte. Im Moralischen verhält sich der Wille noch zu dem, was an sich ist; es ist also der Standpunkt
der Differenz, und der Prozeß dieses Standpunkts ist die Identifikation des subjektiven Willens mit
dem Begriff desselben. Das Sollen, welches daher noch in der Moralität ist, ist erst im Sittlichen
erreicht [...] Wenn das Gute auch im subjektiven Willen gesetzt wäre so wäre es damit noch nicht
ausgeführt." (Hegel 1820/2004, § 106)

Gesellschaftlich verbreitete Vorstellungen von *gut* und *schlecht* können nun jedoch nicht ohne weiteres als Orientierungspunkt genutzt und pauschal auf alle denkbaren Situationen angewendet werden, da sie faktisch von einer Vielzahl situativer Umstände beeinflusst werden.

> **Die Konsequenforzen der Missachtung moralischer Erwartungen sind schwer vorhersehbar**
>
> Der öffentliche Protest gegen die Versenkung der Plattform Brent Spar in der Nordsee im Jahr 1995 entlud sich hauptsächlich auf dem Unternehmen Royal Dutch Shell, während der Miteigentümer der Plattform, das Unternehmen Esso (Exxon Mobil Corporation), durch den zeitweiligen Boykott von Shell Tankstellen sogar seine Wettbewerbsposition stärken und so von den Entwicklungen profitieren konnte.[16]

Ob sich ein vermeintliches Fehlverhalten eines Unternehmens also zu einem öffentlichen Skandal entwickelt, inwieweit dieses Verhalten durch andere Akteure sanktioniert wird und wer das Objekt der Sanktionen wird, hängt mithin von verschiedenen situativen Umständen ab. Einer systematischen und konsistenten Anwendung normativer Prinzipien auf beliebige Interaktionskontexte stehen also empirische Grenzen im Wege, die sowohl aus dem menschlichen Geist als auch aus den äußeren Umweltbedingungen resultieren und ihre Ursache hautsächlich in der verfügbaren Zeit, im Zugang zu Information und der individuellen Fähigkeit zur Informationsverarbeitung haben.

Moral als kognitive Heuristik?
Simon (1955) sieht das Paradigma des rational entscheidenden und handelnden Individuums, welches über umfassendes Wissen verfügt, eine konsistente und stabile Ordnung seiner Präferenzen aufweist und ausreichende Rechenkenntnisse besitzt, um komplexe Maximierungsprobleme zu lösen, in Konflikt mit den empirischen Bedingungen, unter denen Entscheidungen in der Realität getroffen werden. Tversky und Kahneman (1973, 1974) argumentieren, dass rationale Entscheidungs- und Urteilsprozesse durch verschiedene empirische Bedingungen limitiert werden.

Der menschliche Geist bediene sich daher im Falle von Entscheidungsrestriktionen verschiedener *Heuristiken*, um den Entscheidungs- und Urteilsprozess zu vereinfachen und zu beschleunigen.[17] Gigerenzer und Brighton (2009, S. 107) definieren den Heuristikbegriff über dessen Auswirkung auf die Informationsverarbeitung: „Heuristics are efficient cognitive processes that ignore information."[18] Gigerenzer und Todd (1999) sowie Gigerenzer und

---

[16] Siehe hierzu unter anderem Mantow (1995) und Greenpeace (1997).

[17] Vgl.u. a. Gigerenzer (2008). Zu den bekanntesten Urteilsheuristiken zählen die Verfügbarkeitsheuristik (Tversky und Kahneman 1973, 1974), die Verankerungs- und Anpassungsheuristik (Tversky und Kahneman 1974) und die Repräsentativitätsheuristik (Tversky und Kahneman, 1973).

[18] Die Rolle von Heuristiken bei der Erwartungs- und Urteilsbildung wird darüber hinaus häufig im Zusammenhang mit Emotionen betrachtet. Zeelenberg und Pieters (2006) sowie Zeelenberg et al.

Gaissmaier (2006) betonen in diesem Zusammenhang den Umstand, dass die Anwendung konkreter kognitiver Heuristiken nur in bestimmten Situationen und unter bestimmten Umweltbedingungen sinnvoll ist und dass deshalb keine pauschale Heuristik der Erwartungs- oder Urteilsbildung existieren kann. Gigerenzer und Hoffrage (1995) argumentieren weiterhin, dass die Art der Aufbereitung und Darstellung von Informationen sowie deren Einordnung in einen Bezugsrahmen entscheidend für deren kognitive Verarbeitung ist. Bestimmte Heuristiken benötigen demnach ein bestimmtes Format des Inputfaktors, um diesen verarbeiten zu können. Der Darstellung beziehungsweise Wahrnehmung eines Sachverhalts in einem bestimmten Bezugsrahmen kommt im Vergleich zur objektiven Realität deshalb eine enorme Bedeutung zu: „Individuals act based on perceptions, not objective reality" (Wry 2009, S. 156).[19]

Motivation moralischer Zustimmung oder Ablehnung

Hinsichtlich normativer Erwartungsbildungs- und Urteilsprozesse ist für die hier verfolgten Zwecke insbesondere die Frage relevant, wie bestimmte Handlungen einzelner Akteure Moralurteils- und Reaktionsprozesse anderer, urteilender Akteure stimulieren. Im Folgenden sollen einige zumeist empirische Ansätze auf diesem Gebiet kurz vorgestellt werden. Haidt (2007) argumentiert, dass hauptsächlich kognitive Heuristiken, auch als moralische Intuitionen bezeichnet, den Moralmechanismus beeinflussen.

Haidt (2007) identifiziert mindestens fünf Quellen moralischer Intuition: care & harm, fairness & cheating, group loyalty & betrayal, authority & subversion sowie sanctity & degradation. Sie haben ihren Ursprung in der genetischen Veranlagung des Menschen.

Intuitionen werden durch entsprechende Reize aus der Umwelt aktiviert und führen zu affektiven Urteilen oder affektivem Verhalten. Aufgrund der Komplexität der Umwelt wird angenommen, dass Intuitionen nur rudimentär genetisch prädisponiert sind und erst im Laufe des Lebens zu stärkerer oder schwächerer Ausprägung gelangen. Kohlberg (1969) stellt dem gemäß basierend auf Piaget (1937) einen Zusammenhang zwischen Lebensalter und moralischer Entwicklung anhand eines Stufenmodells her.

Haidt und Joseph (2004) argumentieren indes, dass die weltweit zu beobachtende moralische Pluralität im Wesentlichen kulturell begründet ist. Verschiedene Kulturen schätzen, fördern und entwickeln demnach einzelne moralische Intuitionen auf unterschiedliche Weise und leiten aus ihnen unterschiedliche Werte ab, die von der jeweiligen sozialen Gruppe geteilt und gefördert werden. Hinsichtlich des Zusammenwirkens rationaler Verstandesprozesse mit moralischen Intuitionen und kultureller Prägung beobachten Greene und Haidt (2002) sowohl Fälle, in denen der Verstand lediglich ex-post emotionale Urteile zu rechtfertigen hilft als auch Fälle in denen die Rolle rationaler Prozesse dominiert. Die Autoren

---

(2008) analysieren die empirischen Auswirkungen spezifischer Emotionen, beispielsweise Ärger, auf das Handeln eines Individuums, beispielsweise verbale Ausfälligkeiten oder Vergeltungsmaßnahmen. Siehe hierzu auch Bougie et al. (2003).

[19] Siehe hierzu auch Lange und Washburn (2012).

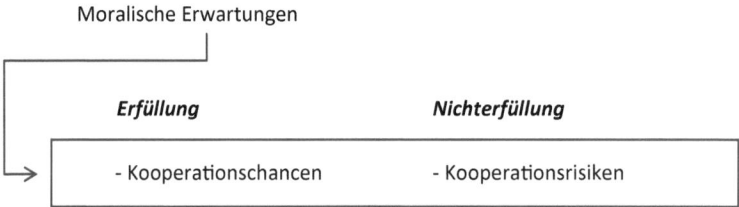

Abb. 3.2 Moralische Erwartungen erfüllen oder zurückweisen?

nehmen an, dass intuitive Heuristiken hauptsächlich in persönlichen und kontextbezogenen Situationen (domain-specific) dominieren und Rationalität eher bei unpersönlichen oder normativen moralischen Überlegungen (domain-neutral) dominiert. Vgl. Greene und Haidt (2002).

Empirische Studien legen weiterhin nahe, dass moralische Urteile Einfluss auf ökonomisches Entscheidungsverhalten haben und dass moralische Emotionen hierbei motivierend wirken.[20] Interessante Beispiele sind insbesondere solche Emotionen, die bei der Beobachtung von Verstößen gegen soziale Normen entstehen und Auswirkungen auf die individuelle oder kollektive Bereitschaft zur Sanktionierung von Normverstößen haben. Dies betrifft sowohl formale als auch informelle soziale Normen. Diese werden im Gegensatz zu rationalen Erwartungen oft auch dann sanktioniert, wenn dadurch kein materieller Nutzen oder sogar Kosten für den Sanktionierenden entstehen. Moralische Emotionen wirken hier gewissermaßen als Durchsetzungshilfe und damit abschreckend auf mögliche Normverstöße.[21] Allred et al. (1997) finden zudem heraus, dass Verhandelnde, die gegenseitig Ärger (anger) und wenig Mitgefühl (compassion) empfinden, weniger Verlangen nach zukünftiger Kooperation haben und auch weniger Kooperationsgewinne erzielen.Die Unterstellung von Absicht spielt bei der Sanktionierung von Regelverstößen ebenfalls eine entscheidende Rolle.[22]

3.2.1.2 Zum Umgang mit moralischen Erwartungen

Der Umgang mit moralischen Erwartungen durch den Adressaten kann, unter bestimmten situativen Umständen signifikanten Einfluss auf das Kooperationsverhalten der beteiligten Akteure haben (siehe Abb. 3.2).

* Bei *Nichterfüllung* dieser Erwartungen besteht, ausgelöst und verstärkt etwa durch moralische Emotionen, das Risiko der Sanktionierung sowie der sinkenden Bereitschaft anderer Akteure zu weiterer Kooperation in der Zukunft. Kytle und Ruggie (2005, S. 6) sprechen in diesem Zusammenhang von sozialen Risiken: „From a company's perspec-

---

[20] Vgl. Rozin et al. (1999), Haidt (2003) sowie Haidt und Joseph (2004).

[21] Vgl.u. a. Fehr und Gächter (2000), Fehr et al. (2002), Bougie et al. (2003), Ketelaar (2006) sowie Gigerenzer (2008).

[22] Siehe hierzu beispielsweise Ruth et al. (2002) sowie Knobe (2003).

tive, social risk occurs when an empowered stakeholder takes up a social issue area and applies pressure on a corporation (exploiting a vulnerability in the earnings drivers – e.g., reputation, corporate image), so that the company will change policies or approaches in the marketplace."

- Die *Erfüllung* moralischer Erwartungen bietet hingegen Chancen für die weitere Erwirt-schaftung von Kooperationsgewinnen bei einer Fortführung der Kooperationsbeziehung, wenn etwa die wahrgenommene Zugehörigkeit des Anbieters zu einer sozialen Gruppe durch normenkonformes Handeln gestärkt wird.[23]

Bei reiner Betrachtung der Konsequenzen von Erfüllung und Nichterfüllung moralischer Er-wartungen legen die jeweiligen ökonomischen Folgen zunächst eine *Compliance-Strategie* zur Nutzung von Chancen und zur Vermeidung von Risiken durch Einbindung aller Betroffenen in die betrieblichen Entscheidungsprozesse nahe.

Die Analyse ignoriert jedoch bislang den Umstand, dass es üblicherweise nicht nur einen Anbieter für ein Produkt oder eine Leistung gibt, sondern dass Wettbewerb existiert, welcher im Folgenden als zweite empirische Bedingung für die Erzielung von Kooperations-gewinnen betrachtet werden soll. In Bezug zu den hier angestellten Überlegungen ist insbesondere der Umstand relevant, dass durch die Erfüllung normativer Erwartungen auch Kosten entstehen, welche sich auf die Wettbewerbsposition des Anbieters auswirken, da sie nicht, wie im Falle eines Monopolisten, einfach über einen Preisaufschlag an die Nachfrager weitergegeben werden können.

3.2.2 Wettbewerb

3.2.2.1 Funktionsprinzipien des Wettbewerbsmechanimus

▶   Viele Märkte und Branchen sind geprägt von der Existenz mehrerer Anbieter
    und Nachfrager, sodass Wettbewerb entstehen kann. Es gilt nun zu verste-
    hen, wie trotz Wettbewerb nachhaltig Gewinne erzielt werden können und wie
    die jeweiligen Wettbewerbsstrategien unter moralischen Gesichtspunkten zu
    beurteilen sind.

Sofern es in einem Markt nur einen Anbieter gibt, wird dessen Monopolstellung ceteris pa-ribus dazu führen, dass ein für den Monopolisten gewinnmaximierender (Monopol-) Preis mit [Max(Menge*(Preis – Kosten))] festsetzt wird, was tendenziell zu einer Reduzierung der Konsumentenrente zu Gunsten des Anbieters führt.[24] Monopole sind hier allerdings von nachrangigem Interesse, da das wirtschaftliche Umfeld vieler Unternehmen eher durch

---

[23] Vgl. hierzu beispielsweise Fehr und Schmidt (1999).

[24] Die Analyse der Auswirkungen eines Monopols auf Preise und Mengen geht zurück auf Cournot (1838).

wettbewerbliche Marktstrukturen geprägt ist. Wie im Folgenden gezeigt wird, ermöglicht die Existenz von marktwirtschaftlichen Wettbewerbsstrukturen die Verschiebung von Kooperationsgewinnen vom Anbieter zum Nachfrager. Homann (2007, S. 20) sieht in dieser Entmachtung des Anbieters durch den Wettbewerb einen Beleg für die „[ethische] Qualität der Marktwirtschaft".

Im beschriebenen Beispiel wird die Existenz von Wettbewerb durch einen dritten Akteur, den Wettbewerber (W), dargestellt, sodass eine Duopolsituation entsteht. Die Möglichkeiten von W zur Erzielung von Kooperationsgewinnen sind identisch mit denen des Anbieters (A) und können ebenfalls durch $Menge_i*(Preis_i - Kosten_i)$ beschrieben werden. A und W stehen nun miteinander im Wettbewerb um Kooperationschancen mit N. Der Wettbewerb um Kooperationschancen ist ein zentrales Merkmal des hier betrachteten Interaktionskontexts: „Von Bedeutung ist insbesondere, dass Wettbewerb auf einer Marktseite der anderen Marktseite die Möglichkeit der Abwanderung von einem Tauschpartner zu einem anderen eröffnet." (Suchanek 2011a, S. 203). Die jeweiligen Anteile von A und W im *Markt um Kooperationschancen* können durch die von A und W gehandelten Mengen, bezeichnet als $Menge_A$ und $Menge_W$, beschrieben werden. Die Formel zur Berechnung des kollektiven Kooperationsgewinns für Anbieter, Wettbewerber und Nachfrager wird deshalb wie folgt erweitert:

$$KooperationsgewinnA \; [MengeA * (PreisA \; - \; KostenA)] + \; KooperationsgewinnW$$

$$[MengeW * (PreisW \; - \; KostenW)] + KooperationsgewinnN$$

$$[MengeA * (NutzenA \; - \; PreisA \;) \; + \; MengeW * (NutzenW \; - \; PreisW \;)]$$

$$= \; Kollektiver \; Kooperationsgewinn \; = [MengeA * (NutzenA \; - \; KostenA)$$

$$+ \; MengeW * (NutzenW \; - \; KostenW)]$$

Die Existenz eines oder mehrerer Wettbewerber führt in der Theorie ceteris paribus zu einer Duopol- oder vollständigen Wettbewerbssituation mit der Folge, dass der (Markt-) *Preis gleich den Grenzkosten der Produktion* ist und mithin eine vollständige Verlagerung des Kooperationsgewinns von den Anbietern zum Nachfrager erfolgt.[25] Im vereinfachten Modell ausgedrückt führt das unter der Annahme gleicher Kosten zu $Preis_A = Kosten_A = Preis_W = Kosten_W$. Ohne weitere Annahmen ist es für Anbieter unter Duopol- oder vollständigen Wettbewerbsbedingungen mithin nicht möglich, eine Kooperationsrente zu erzielen, welche die angefallenen Kapital-, Produktions-, Risiko- und andere Kosten übersteigt, da die im Rahmen von Interaktionsbeziehungen entstehenden Kooperationsgewinne, wie gesehen, vollständig beim Nachfrager anfallen.[26] Die hier getroffenen Aussagen sind zunächst nur auf das zuvor beschriebene und stark vereinfachte Kooperationsmodell zu beziehen. Es dient im Wesentlichen dazu, die Auswirkungen verschiedener Strategien des Umgangs

---

[25] Diese Erkenntnis geht zurück auf die Analyse des Duopols durch Bertrand (1883).

[26] Während sich der Preis bei einem Monopol also eher am Grenznutzen des Nachfragers orientiert, entspricht er unter Wettbewerbsbedingungen eher den Grenzkosten des Anbieters.

mit normativen Erwartungen auf die Wettbewerbsposition eines Unternehmens besser zu verstehen.

3.2.2.2 Gewinnerzielung unter Wettbewerbsbedingungen

Wie können Unternehmen nun aber angesichts harter Wettbewerbsbedingungen dennoch Gewinne erzielen? Grundlegende Ansätze hierzu sollen im Folgenden kurz eingeführt und später hinsichtlich ihrer Relevanz für moralische Risiken diskutiert werden.

Situationen, in denen aufgrund von Wettbewerb keine Gewinne bei den Anbietern anfallen, werden bei Clark (1899/1989) als steady state bezeichnet, also als Zustand, in dem keine wirtschaftliche Dynamik existiert: „Profit has no place in such static conditions." (Clark 1899/1989, S. 201). Sofern eine gewisse Dynamik entsteht, etwa durch technologische Innovationen oder die Änderung des Nachfrageverhaltens, kann es, so der Autor, zu Friktionen kommen, die es einzelnen Anbietern ermöglichen, temporär Gewinne zu erzielen.[27] Friktionen sind hier zu verstehen als zeitliche Verzögerungen bei der Wirkung von Marktkräften, insbesondere des Wettbewerbsmechanismus: „if competition works without let or hindrance, pure business profit would be annihilated as fast as it could be created – entrepreneurs, as such, could never get and keep any income" (Clark, ebd., S. 410 f.).[28]

Aufgrund seiner Auswirkung auf die Erzielung und Verteilung von Kooperationsgewinnen wird Wettbewerb hier als wichtige empirische Handlungsbedingung angesehen. Zum einen trägt Wettbewerb dazu bei, dass Kooperationsgewinne entstehen können, indem er die Anbieter beispielsweise zur Entwicklung von technologischen Innovationen animiert, zugleich führt er jedoch auch dazu, dass ihr Anteil an den so erzielten Gewinnen langfristig zu Gunsten der Nachfrager minimiert wird. Die handelnden Akteure benötigen deshalb geeignete *Wettbewerbsstrategien*, um sich auch unter Wettbewerbsbedingungen einen Anteil an den erzielten Kooperationsgewinnen sichern zu können: „As a field of study, strategy is to a large extent defined by its overarching concern with understanding the drivers of firm performance." (Chatain und Zemsky 2009, S. 1206). Strategien können entweder auf die Schaffung zusätzlicher Kooperationsrenten oder auf die Verschiebung von bestehenden Kooperationsrenten zwischen Nachfrager und Anbieter beziehungsweise zwischen

---

[27] Die Wirkung von Friktionen auf die Gewinnerzielung erklärt der Autor am Beispiel von Lohnanpassungsprozessen in Folge von technologiebedingten Produktivitätssteigerungen. Sofern sich Löhne nicht unmittelbar, sondern erst über einen längeren Zeitraum, an die gestiegene Produktivität des Faktors Arbeit anpassen, können Unternehmer während des Anpassungsprozesses temporär von der entstandenen Lücke zwischen Produktivitätssteigerung und Lohnsteigerung profitieren bis diese, etwa durch neue Tarifverträge, ausgeglichen wurde.

[28] In Schumpeters (1954) Theorie der Gewinnerzielung ist der Unternehmer eine zentrale Quelle von wirtschaftlicher Dynamik und Gewinn ist eine temporäre und flüchtige Größe, deren Ursprung in gerade dieser Dynamik des Wirtschaftssystems liegt. Der bei Schumpeter auch verwendete Begriff der schöpferischen Zerstörung ist mithin das Ergebnis unternehmerischen Wirkens durch „successful introduction into the economic process of technological, commercial, or organizational improvements." (Schumpeter 1954, S. 894).

verschiedenen Wettbewerbern hinauslaufen. Bei der Wahl einer bestimmten Strategie ist jedoch stets auch das strategische Verhalten der Wettbewerber zu berücksichtigen.

▶ In verschiedenen Forschungsbereichen werden mögliche Strategien zur Erzielung von Gewinn unter Wettbewerbsbedingungen diskutiert: „Given that competition naturally erodes profit in a capitalist economy, the business strategy field asks the following question: When, where, why, and how does profit persist?" (Makadok 2010, S. 367). Die verschiedenen Ansätze hierzu können im Wesentlichen in vier Forschungsgebiete unterteilt werden.[29]

- Verringerung der Wettbewerbsintensität
- Wahl des Markteintrittszeitpunkts
- Investition in Wettbewerbsvorteile
- Ausnutzung von Informationsasymmetrien

Eine mögliche Strategie zur Erzielung von Gewinn unter Wettbewerbsbedingungen ist schlicht die *Verringerung der Wettbewerbsintensität* innerhalb der Branche (*rivalry restraint*), etwa durch Aufteilung von Märkten, Preisabsprachen oder Mengenbegrenzungen durch die Wettbewerber. In Porters Wettbewerbsmodell (Porter 1979) würde die Reduzierung der Wettbewerbsintensität (*rivalry among existing competitors*) die Attraktivität der betreffenden Branche aus Sicht der darin agierenden Unternehmen erhöhen.

Eine weitere Strategie zur Erzielung von Gewinn unter Wettbewerbsbedingungen wäre die Nutzung von Vorteilen, die sich aus der *Wahl des Markteintrittszeitpunkts* (*commitment timing*) ergeben: „Early commitment has the advantage of allowing a firm to make preemptive moves that shape the incentives, and hence the behavior, of its rivals to its own advantage – yet this advantage comes at the cost of having to make its commitment at a time when there may still be very high uncertainty about the ultimate demands of the environment." (Makadok 2006, S. 7). Derartige Strategien basieren auf dem Stackelberg-Duopol (Stackelberg 1934), einem Mengenwettbewerb, in welchem ein Wettbewerber die Möglichkeit hat, als erster über die am Markt anzubietende Menge entscheiden zu können und damit die Entscheidungsmöglichkeiten des Wettbewerbers zu begrenzen. Durch einen früheren Markteintritt kann der Anbieter eine für sich optimale Angebotsmenge wählen und so im Vergleich zum Wettbewerber Kostenvorteile erzielen.[30]

Die Investition in *Wettbewerbsvorteile* ist eine weitere denkbare Strategie zur Erzielung von Gewinn unter Wettbewerbsbedingungen. Überlegungen hierzu basieren auf der fiktiven

---

[29] Für eine Übersicht verschiedener Theorien der Gewinnerzielung unter Wettbewerbsbedingungen siehe beispielsweise Makadok (2011).

[30] Das Risiko einer solchen Strategie liegt einerseits in der Unsicherheit über die zukünftige Entwicklung des Marktes bei gleichzeitigem Commitment von Ressourcen. Weiterhin können beim Stackelbergführer Kosten für die Erschließung des Marktes anfallen, welche vom nachfolgenden Wettbewerber nicht aufgewendet werden müssen.

Zerlegung eines Unternehmens in verschiedene Wertschöpfungsprozesse (Porter 1985).
In ressourcenbasierten Ansätzen werden nun Vorteile bei der Durchführung bestimmter
Wertschöpfungsprozesse, etwa durch effizienteren Materialeinsatz in der Produktion im
Vergleich zu Wettbewerbern, als mögliche Gewinnquellen angesehen.[31] Sofern dies zu
Kostenvorteilen für den Anbieter führt, kann er bei einem konstanten Marktpreis von (Preis
= Grenzkosten der Wettbewerber) einen Gewinn erzielen. Sofern der Wettbewerbsvorteil,
etwa durch eine innovative Produkteigenschaft, nicht zu Kostenvorteilen, sondern zu einem
Alleinstellungsmerkmal führt, entsteht gewissermaßen ein Monopol für diese Innovation,
sodass sich der Monopolist bei der Preissetzung an dem für den Konsumenten entstandenen
Zusatznutzen orientieren und diesen möglichst vollständig abschöpfen kann. Schumpeter
(1954) bezeichnet solche Vorteile jedoch als temporär beziehungsweise als flüchtig, da sie
nur solange realisiert werden können, bis Wettbewerber die Innovation imitieren oder durch
eigene Innovationen ersetzen.

Schließlich können die Akteure auch gezielt *Informationsasymmetrien* zwischen ihnen
und anderen Marktteilnehmern ausnutzen und auf diese Weise Gewinne erzielen. Dies setzt
unterschiedliche Möglichkeiten der Akteure bei der Bewertung von Gütern oder Leistungen
voraus. Informationsprobleme beruhen im Wesentlichen auf der Verteilung von Informationen zwischen den handelnden Akteuren vor oder nach Abschluss eines Vertrages.[32]
Verfügt ein Akteur zum Zeitpunkt des Vertragsabschlusses über private Informationen,
etwa zum Nutzen des gehandelten Gutes, kann er diese Information zu Lasten seines Vertragspartners ausnutzen (adverse selection). Auch nach Abschluss des Vertrages können
private Informationen, etwa über die Qualität einer erbrachten Leistung (hidden knowledge), oder über unbeobachtete Handlungen eines Vertragspartners (hidden action) zur
Erlangung von Vorteilen eines Vertragspartners auf Kosten des anderen führen (moral hazard). Die asymmetrische Verteilung von Information kann zudem nicht nur zwischen
den beteiligten Akteuren vorliegen, sondern auch zwischen den Akteuren und einer externen juristischen Instanz. Sofern ein Akteur beispielsweise Wissen über Qualitäts- oder
Leistungsmängel erlangt, diese jedoch vor Gericht nicht beweisen kann, besteht auch
hier die Gefahr von Ineffizienzen vertraglicher Regelungen.[33] Durch Anwendung einer
solchen Strategie kann folglich die Anbieterrente durch gleichzeitige Reduzierung der
Konsumentenrente gesteigert werden.

Im folgenden Abschnitt wird auf Basis der zuvor beschriebenen Bedeutung von
normativen Erwartungen und Wettbewerb für die Erzielung von Kooperationsgewinnen ein risikobasierter Ansatz zum Umgang mit entsprechenden Chancen und Risiken
vorgeschlagen.

---

[31] „A firm gains competitive advantage by performing [...] strategically important activities more
cheaply or better than its competitors." (Porter 2001, S. 50). Vgl. auch Prahalad und Hamel (1990).

[32] Siehe hierzu insbesondere Ripperger (1998/2005).

[33] Für entsprechende Modellierungen dieses Problems siehe beispielsweise Laffont und Maskin
(1982) sowie Myerson (1982).

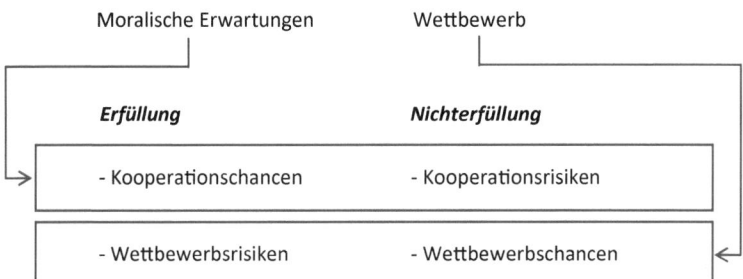

Abb. 3.3 Zusammenhang zwischen den Moralischen Erwartungen und dem Wettbewerb

3.2.2.3 Erfüllung moralischer Erwartungen unter Wettbewerbsbedingungen

Unter den beschriebenen Wettbewerbsumständen erhält die Frage des Umgangs mit normativen gesellschaftlichen Erwartungen eine erhöhte Komplexität. Sofern $Anbieterrente_i = Menge_i * (Preis_i - Kosten_i) = 0$ kann eine Erhöhung der Kosten eines Anbieters unmittelbar zu Verlusten führen. Normative Forderungen nach der Einhaltung bestimmter Umweltstandards können beispielsweise mit Investitionen in neue Anlagen und Sicherheitsvorrichtungen, mit Verzicht auf bestimmte Roh-, Hilfs- und Betriebsstoffe oder auch mit zusätzlichem Fachpersonal für die Einführung und Überwachung neuer Prozessabläufe verbunden sein. Sofern die Einhaltung dieser Standards nur vom Anbieter eingefordert wird, nicht aber von seinem Wettbewerber, beispielsweise weil dieser an einem weniger stark regulierten Standort produziert, kann dies zu einem Kostennachteil für den Anbieter führen.[34] Weitere Beispiele mit Einfluss auf die Kostenstruktur des Anbieters wären etwa der Verzicht auf Standortverlagerungen zur Reduzierung der Lohn- oder Logistikkosten oder die Vergabe von Spenden für gemeinnützige Zwecke.

Der reinen Wettbewerbslogik folgend, wäre die Erfüllung normativer Erwartungen demnach mit *Wettbewerbsrisiken* verbunden und ihre Nichterfüllung mit potenziellen *Wettbewerbschancen* aufgrund einer besseren Kostenstruktur im Vergleich zum Wettbewerb. Dieser Wettbewerbssicht steht die im vorherigen Abschnitt beschriebene Kooperationssicht gegenüber. Abbildung 3.3 stellt beide Sichtweisen im Zusammenhang dar.

---

[34] Positive Ausgleichseffekte für den Anbieter sind etwa durch Einsparungen aufgrund ressourcensparender Maschinen denkbar. Diese wären zusammen mit den erhöhten Investitions- oder Prozesskosten in die neuen Gesamtkosten K'i einzukalkulieren.

3.3 Die Kompatibilität von Gewinn und Moral ist der Gegenstand des moralischen Risikomanagements

3.3.1 Risikomanagement als Quelle von Wettbewerbsvorteilen

Die Analyse des Verhältnisses von *Gewinn und Risiko* geht im Bereich der wirtschaftswissenschaftlichen Forschung im Wesentlichen zurück auf Clark (1892, 1899/1989), Hawley (1893, 1900, 1901) und Knight (1921). Sie beschreiben den Begriff des Gewinns aus einer Transaktion in Abhängigkeit des mit der Transaktion verbundenen Risikos, wobei das Eingehen von Risiken als notwendige Voraussetzung für die Möglichkeit der Erzielung von Gewinn diskutiert wird.

Während Coase (1937) ein Bild des Unternehmers als Optimierer der betrieblichen Produktionsfunktion zeichnet und damit hauptsächlich dessen Gewinnmaximierungsfunktion betont, beschreibt Knight (1921) den Unternehmer als Akteur, der bewusst Risiken eingeht, um Gewinn zu erzielen.[35] Gewinn wird bei Knight (1921, S. 41) definiert als „[the] difference, positive or negative, between the value of a good and (the value of) its costs". Kosten beinhalten neben den materiellen und personellen Einsatz von Ressourcen zur Erstellung eines Gutes oder einer Leistung auch den Erwartungswert möglicher positiver oder negativer Abweichungen im Zusammenhang mit dem ungewissen Eintreten bestimmter Risikofaktoren. Das Tragen von Risiken ist demnach mit Kosten verbunden, die entweder als reine Risikokosten, etwa in Form von Schadenereignissen, oder als Risikomanagementkosten, etwa in Form von Kosten für Schutzmaßnahmen, anfallen können.[36]

Die im Bereich der Portfoliotheorie verwendeten Kapitalmarktmodelle, wie das Capital Asset Pricing Model (Sharpe 1964; Linter 1965), die Arbitrage Pricing Theory (Ross 1976) oder das Dreifaktorenmodell (Fama und French 1993) legen darüber hinaus nahe, dass sich die Rendite einer riskanten Anlage letztlich als risikoabhängiger Aufschlag auf die Rendite einer risikofreien Anlage ergibt.[37]

▶ Risikoprämien sind konzeptionell nicht mit Gewinnen gleichzusetzen, da sie lediglich eine Kompensation für zu erwartende Kosten eines eingegangenen Risikos darstellen. Gewinn beziehungsweise Verlust kann im Zusammenhang mit der Tragung von Risiken nur entstehen, wenn die erhaltenen Risikoprämien größer beziehungsweise kleiner sind, als die tatsächlich angefallenen Risikokosten: „The reward of an insurer is not the premium he receives, but the difference between that premium and the loss he eventually suffers." (Knight 1921, S. 22).[38]

---

[35] Zu den konzeptionellen Unterschieden beider Ansätze siehe insbesondere Foss (1996).

[36] Siehe hierzu insbesondere Knight (1921) sowie Schmit und Roth (1990).

[37] Die Portfoliotheorie geht zurück auf Markowitz (1952).

[38] Vereinnahmte Risikoprämien sind kalkulatorisch als Erträge einzustufen, die erst nach Berücksichtigung relevanter Aufwendungen einen Rückschluss auf den tatsächlichen Gewinn ermöglichen.

Versicherungen als Beispiel für Akteure, deren Kerngeschäft das Tragen von Risiken ist, werden Risiken dann nachfragen, wenn die Risikoprämie den diskontierten Erwartungswert der Risikokosten übersteigt.[39] Auf hinreichend effizienten und wettbewerbsintensiven Märkten nähern sich die Risikoprämien den erwarteten Risikokosten in der Theorie soweit an, dass die Höhe der Risikoprämien letztlich die Erwartungen der Marktteilnehmer über die Eintrittswahrscheinlichkeit und das Ausmaß der mit einem Risikofaktor verbundenen Erträge oder Aufwendungen widerspiegelt.[40]

Unter der Maßgabe effizienter Märkte sind mit steigendem Risiko einer Transaktion folglich sowohl höhere Risikokosten als auch höhere Risikoprämien verbunden. Das Verhältnis von Gewinn und Risiko kann in der Theorie deshalb grundsätzlich als neutral verstanden werden. Dennoch werden in der Literatur Ansätze diskutiert, wie durch das Eingehen höherer Risiken höhere Gewinne erzielt werden können. Dazu zählen insbesondere die nachfolgend aufgeführten Ansätze.

- Erhalt von Risikoprämien und Nichteintritt des Risikos durch glücklichen Zufall
- Erhalt von Risikoprämien und Transfer von Risikokosten auf Dritte unter Ausnutzung von Informationsasymmetrien
- Erhalt von Risikoprämien und Reduzierung der Risikokosten im Vergleich zu Wettbewerbern durch professionelles Risikomanagement

Gewinn durch glücklichen Zufall
Knight (1921) bemerkt im Hinblick auf die Möglichkeit der Erzielung von Gewinnen durch glücklichen Zufall, dass in effizienten Märkten die Risikokosten zwar *im Durchschnitt aller Transaktionen* den Risikoprämien entsprechen sollten. Im *Einzelfall* können durch das Eingehen von Risiken aber dennoch Gewinne anfallen, die größer sind, als die Rendite einer risikofreien Anlage. Dies ist etwa dann der Fall, wenn die Risikoprämie vereinnahmt wurde, das Risiko aber tatsächlich nicht eingetreten ist und deshalb auch keine Kosten entstanden sind. Da das Eintreten von Risikofaktoren von den Akteuren nicht sicher vorhergesagt werden kann, entscheidet mitunter letztlich der Zufall darüber, ob sie vom Eintreten oder Ausbleiben dieser Faktoren im Einzelfall profitieren oder verlieren. Hawley (1900, S. 101) und Knight (1921, S. 21) verwenden hierfür den Begriff „pure luck".[41]

---

[39] Über die reine Margenbetrachtung hinaus existieren weitere relevante Faktoren, die Einfluss auf die Nachfrage von Versicherungsunternehmen nach Risiken haben. Dazu gehört unter anderem deren Risikotragfähigkeit. An dieser Stelle soll jedoch insbesondere der Zusammenhang zwischen Risikoprämie und Risikokosten auf dem Markt für Risikotransfers verdeutlicht werden.

[40] Die Höhe von Risikoprämien ergibt sich damit zum einen anhand der statistischen Bewertung von Wahrscheinlichkeit und potenziellem Ausmaß des Risikos und zum anderen durch Angebot und Nachfrage für Risiken auf Risikotransfermärkten.

[41] An dieser Stelle soll betont werden, dass hier nur der unmittelbare Zusammenhang von Gewinn und Risiko diskutiert wird. In der Literatur werden neben dem Eingehen von Risiko zahlreiche andere Voraussetzungen für die Möglichkeit der Gewinnerzielung diskutiert, beispielsweise innovations- oder

Gewinn durch Abwälzung von Risikokosten

Neben dem Faktor Glück wird in der Literatur eine zweite Möglichkeit diskutiert, Gewinn durch das Eingehen höherer Risiken zu steigern. Es handelt sich dabei um den Transfer von Risiken und damit verbundenen Risikokosten auf andere Akteure bei gleichzeitigem Einbehalt der Risikoprämie durch Ausnutzung von Informationsasymmetrien. In der wirtschaftswissenschaftlichen Literatur sind insbesondere solche Situationen von Interesse, in denen einzelne Akteure durch ihr Verhalten die Wahrscheinlichkeit des Eintretens bestimmter Risikofaktoren beeinflussen können. Mitunter gelingt es einzelnen Akteuren, bei Nichteintritt des Risikos von der Vereinnahmung der entsprechenden Risikoprämie zu profitieren und bei Eintritt des Risikos, etwa durch Abwälzung der Haftung für Risikokosten auf Dritte, selbst keine Verluste zu erleiden. Es können dann Risikoprämien vereinnahmt werden, ohne entsprechende Risikokosten tragen zu müssen, sodass für den Einzelnen mit zusätzlichem Risiko tatsächlich höhere Gewinne realisiert werden können. Für die übrigen Beteiligten gilt umgekehrt, dass höhere Risiken früher oder später aufgrund zu tragender Risikokosten ohne Kompensation durch entsprechende Risikoprämien zu Verlusten führen. Der hierfür verwendete Begriff des *moralischen Risikos* beziehungsweise des *moral hazard* wird häufig im Rahmen einer Prinzipal-Agenten-Problematik modelliert[42] und nicht selten in normativ-ethischer Hinsicht interpretiert, etwa als „deviation from correct human behavior" (Buchanan 1964, S. 22) oder als „failure of individuals [...] to uphold the accepted moral qualities" (Faulkner 1960, S. 327).[43] Das Verhältnis von Gewinn und Risiko weist mithin einen starken Bezug zu moralischen Fragestellungen auf, insoweit Gewinne durch Abwälzung von Risikokosten auf unbeteiligte Dritte realisiert werden können. [44]

---

kostenbasierte Wettbewerbsvorteile. Diese sind jedoch an dieser Stelle aufgrund der Fokussierung auf den Faktor Risiko nicht von Belang.

[42] Siehe hierzu beispielsweise Arrow (1963, 1970), Pauly (1968) oder Holmström (1979, 1982). Arrow (1963) beschreibt Veränderung der Nachfrage nach medizinischer Versorgung nach Abschluss einer Krankenversicherung im Vergleich zu einer Situation ohne Krankenversicherung. Dieses Beispiel verdeutlicht die Bedeutung moralischer Risiken inbesondere im Falle des Risikotransfers zwischen verschiedenen Akteuren im Rahmen von Versicherungslösungen. Der in diesem Rahmen diskutierte Begriff des moralischen Risikos beschreibt damit letztlich die Bedeutung von Informations- und Anreizproblemen für das Gelingen von Kooperationsbeziehungen, deren Gegenstand der vertraglich vereinbarte Risikotransfer zwischen verschiedenen Akteuren ist.

[43] Pauly (1968) interpretiert moral hazard indes nicht als moralisches Problem, sondern lediglich als rationale Anpassung der Nachfrage der Versicherten an eine Veränderung des Preismechanismus. Mit Bezug zu der bei Arrow (1963) diskutierten Problematik der Inanspruchnahme von medizinischer Versorgung nach Abschluss einer Krankenversicherung bemerkt Pauly (ebd., S. 535): „[The] response of seeking more medical care with insurance than in its absence is a result not of moral perfidy, but of rational economic behavior. Since the cost of the individual's excess usage is spread over all other purchasers of that insurance, the individual is not prompted to restrain his usage of care."

[44] Diese Problematik wird unter anderem intensiv am Beispiel der Finanzbranche im Zusammenhang mit der Subprimekrise ab 2007 sowie der darauf folgenden weltweiten Banken- und Staatsschuldenkrise diskutiert. Siehe beispielsweise Dowd (2009), Okamoto (2009), Farhi und Tirole (2011) sowie Korinek (2011).

Gewinn durch Vorteile bei der Reduzierung von Risikokosten

Da letztlich weder Glück und Zufall, noch die Abwälzung von Risikokosten auf unbeteiligte Dritte durch Ausnutzung von Informationsasymmetrien die Basis für *nachhaltig* erfolgreiche Geschäftsmodelle sein können[45], ist die Frage von entscheidender Bedeutung, wie Risiken so gesteuert werden können, dass hierdurch nachhaltig Gewinne für alle Beteiligten bei gleichzeitiger Vermeidung der Schlechterstellung unbeteiligter Dritter erzielt werden können. Als mögliche Antwort hierauf wird deshalb in der Literatur als dritter Ansatz die Verringerung der Kosten für die Tragung und das Management von Risiken im Vergleich zu relevanten Wettbewerbern diskutiert.[46] Der Kern dieser Argumentation ist, dass sich die Akteure in der *Fähigkeit zum Management von Risiken* voneinander unterscheiden, wodurch Möglichkeiten zur Schaffung von *Wettbewerbsvorteilen* entstehen. Durch den gezielten Aufbau von Kompetenzen zum Management bestimmter Kernrisiken kann gegebenenfalls die Summe aus Kosten des Risikos und Kosten des Risikomanagements im Vergleich zu relevanten Wettbewerbern signifikant gesenkt werden.[47] Doherty (2000) beschreibt Kernrisiken als eine Gruppe von Risiken, deren bewusste und professionelle Steuerung Gegenstand des Kerngeschäfts eines Unternehmens ist. Für die Unternehmen einer Branche sind diese Kernrisiken zum Teil vergleichbar. Unterschiede bestehen jedoch in der Art des Umgangs mit ihnen durch die verschiedenen Unternehmen.

▶   Nicht das bloße Eingehen von Risiken ermöglicht die Erzielung von Gewinnen. Es ist vielmehr die Ausprägung der *Fähigkeit zum effektiven und effizienten Management von Risiken im Vergleich zu Wettbewerbern*, welche die Reduzierung von Risikokosten und damit einen Wettbewerbsvorteil ermöglicht.

Mit Hilfe dieses Vorteils können Unternehmen bei vergleichbaren Risikoprämien und niedrigeren Risikokosten potenziell höhere Gewinne als ihre Wettbewerber erzielen.

Risikomanagement als Wettbewerbsvorteil

Die zentrale Erkenntnis dieser Überlegungen ist, dass Gewinn und Risiko aufgrund der neutralisierenden Wirkung von Risikoprämien und Risikokosten in effizienten Märkten nicht unmittelbar positiv korrelieren. Das Eingehen von Risiken kann nur dann *systematisch* und *nachhaltig* zu höheren Gewinnen führen, wenn:

* Gewinne nicht ausschließlich auf Glück und Zufall basieren,
* Gewinne nicht durch Abwälzung von Risikokosten zu Lasten Dritter entstehen und

---

[45] Sofern die Erzielung von Gewinnen durch Ausnutzung von Informationsasymmetrien fortlaufend zu Lasten anderer Akteure geschieht, ist zu erwarten, dass es bei Aufdeckung derartiger Strategien zur Sanktionierung durch Regulierung oder verändertes Nachfragerverhalten kommt. An dieser Stelle bekommt das Verhältnis von Gewinn und Risiko eine normative Dimension.

[46] Siehe hierzu unter anderem Doherty (2000, S. 223 f.).

[47] Zur Idee des Wettbewerbsvorteils durch Schaffung geeigneter Kompetenzen siehe beispielsweise Prahalad und Hamel (1990).

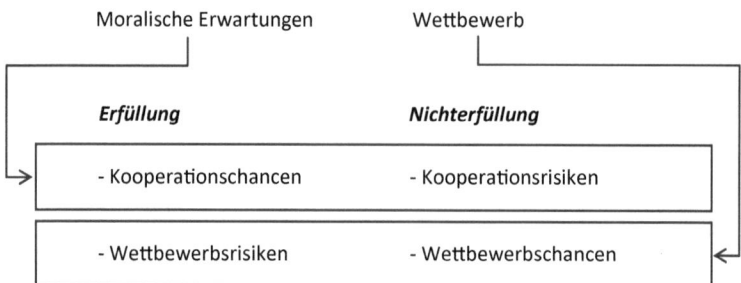

Abb. 3.4 Chancen und Risiken beim Umgang mit moralischen Erwartungen unter Wettbewerbsbedingungen

- die Gesamtrisikokosten durch effektives und effizientes Risikomanagement signifikant geringer sind, als bei relevanten Wettbewerbern.

3.3.2 Management einer Dilemmasituation

▶ Wie sollten Unternehmen mit an sie adressierten moralischen Erwartungen unter Wettbewerbsbedingungen umgehen? Welche Orientierungspunkte sind hierfür hilfreich? Zur Beantwortung dieser Fragen wurde in den vorherigen Abschnitten zunächst die Ermöglichung von Kooperationsgewinnen zum Vorteil aller Betroffenen als normative Zielstellung betrachtet. Dabei wurde ausgehend von einer gesamtgesellschaftlichen Perspektive die Notwendigkeit der individuellen Anreizkompatibilität für die Erzielung kollektiver Kooperationsgewinne herausgestellt.

Sowohl die Erfüllung als auch die Nichterfüllung moralischer Erwartungen sind mit Chancen und Risiken für Kooperation und Wettbewerb verbunden, weshalb die zu entwickelnde Strategie die ambivalenten Folgen für die Erzielung von Kooperationsgewinnen abbilden sollte. Weiterhin sind (Gewinn-) Chancen sinnvollerweise zusammen mit den damit verbundenen (Verlust-) Risiken zu betrachten und Managementkonzepte sollten diesen systematischen Zusammenhang abbilden.

Im Rahmen dieses Buches sind nun insbesondere solche Chancen und Risiken relevant, die aus dem Umgang mit moralischen Erwartungen unter Wettbewerbsbedingungen resultieren. Die Entscheidungssituation eines Unternehmens beim Umgang mit moralischen Erwartungen wird zusammenfassend in Abb. 3.4 dargestellt.

Die Ambivalenz der beschriebenen Entscheidungssituation wird bislang nicht systematisch in der Managementliteratur abgebildet. Stattdessen werden Chancen und Risiken häufig selektiv als getrennte Problemaspekte betrachtet. Dies ist jedoch aus verschiedenen Gründen problematisch:

- Zum einen besteht die Gefahr, dass aufgrund der Identifikation von Kooperationschancen unmittelbar die Durchführung entsprechender CSR Maßnahmen gefordert wird, ohne eventuelle Wettbewerbsrisiken zu berücksichtigen.
- Zum anderen kann leicht aufgrund von befürchteten Wettbewerbsrisiken gefordert werden, normative Erwartungen generell nicht zu erfüllen, während entsprechende Kooperationschancen vernachlässigt werden.

Beispielsweise thematisiert Friedman (1970) im Wesentlichen *Wettbewerbsrisiken*, die sich etwa aus der Erfüllung normativer Erwartungen, beispielsweise durch Verzicht auf Preissteigerungen oder durch freiwillige Durchführung von teuren Umweltschutzmaßnahmen ergeben.[48] Dies führt, so die Argumentation, zu wirtschaftlichen Nachteilen für die Eigentümer, was sich letztlich auch auf die Wettbewerbsposition des Unternehmens im Markt auswirkt.[49]

Porter und Kramer (2006) greifen die Maxime Friedmans auf, der gemäß sämtliche Handlungen des Managements der Steigerung des Unternehmenswertes dienen sollen. Im Gegensatz zu Friedman betrachten sie jedoch hauptsächlich *Kooperationschancen*. In einem strategischen CSR Ansatz zeigen sie, wie Unternehmen durch Aufdeckung und Nutzung von Win-Win-Potenzialen Kooperationschancen nutzen können, ohne zugleich Wettbewerbsnachteile befürchten zu müssen.Diese Betrachtung ist jedoch zu einseitig auf die Identifikation und Nutzung von Chancen ausgerichtet, da nur solche Situationen betrachtet werden, in denen Win-Win-Potenziale existieren und solche Situationen ausblenden, in denen dies nicht der Fall ist.

Wieland (1999) sowie Wieland und Fürst (2002) thematisieren hingegen insbesondere *Kooperationsrisiken* für Unternehmen durch die Nichtbeachtung von gesellschaftlichen Werten. Diese Risiken entstehen durch sogenannte moral-ökonomische Anreize. Da diese Anreize prinzipiell für alle Anbieter gelten, wird impliziert, dass der Markt keine Wettbewerbschancen durch Nichtbeachtung von moralischen Werten zulässt. Die von den Autoren

---

[48] „What does it mean to say that the corporate executive has a 'social responsibility' in his capacity as businessman? If this statement is not pure rhetoric, it must mean that he is to act in some way that is not in the interest of his employers. For example, that he is to refrain from increasing the price of the product in order to contribute to the social objective of preventing inflation, even though a price increase would be in the best interests of the corporation. Or that he is to make expenditures on reducing pollution beyond the amount that is in the best interests of the corporation or that is required by law in order to contribute to the social objective of improving the environment." (Friedman, 1970, S. 124).

[49] Der Autor spricht in diesem Zusammenhang nicht explizit von Wettbewerbsrisiken sondern betrachtet die Folgen von CSR Maßnahmen für die Unternehmenseigentümer. Letztlich läuft dies auf eine Wettbewerbsbetrachtung hinaus, da Unternehmen, die ihren Eigentümern durch Verzicht auf CSR höhere Gewinne in Aussicht stellen, ceteris paribus tendenziell erfolgreicher im Wettbewerb um Kapital sein sollten.

vorgeschlagene Strategie der Wertecompliance erscheint vor diesem Hintergrund – zumindest für die Steuerung von Kooperationsbeziehungen eines Unternehmens mit *externen* Partnern – nicht hinreichend problemorientiert.[50]

> **Führungskräfte benötigen moderne Managementinstrumente zum professionellen Umgang mit vermeintlichen Konflikten zwischen Gewinn und Moral**
>
> Für die Entwicklung geeigneter Managementmodelle zum Umgang mit moralischen Erwartungen unter Wettbewerbsbedingungen reicht es keineswegs aus, Entscheidungen und Handlungen von Unternehmen anhand ihres Einklangs mit moralischen Erwartungen zu beurteilen und aus der Beobachtung von Diskrepanzen Urteile über die moralische Qualität dieser Entscheidungen und Handlungen zu fällen. Hieraus würde sich lediglich eine vermeintliche Unfähigkeit oder ein Unwille von Unternehmen diagnostizieren lassen, moralischer Normen in ihre Geschäftsprozesse zu implementierten. Hieraus resultieren dann in der Folge zumeist Forderungen nach verstärkten Complianceanforderungen und der Prüfung ihrer Dokumentation und Umsetzung.
>
> Der Blick auf die grundlegenden Urachen für Diskrepanzen zwischen moralischen Erwartungen und tatsächlichen Unternehmenshandlungen würde jedoch verstellt. Ebenso würde nicht erkannt, dass Führungskräfte aufgrund der Komplexität gegebenenfalls Bedarf an innovativen Managementinstrumenten haben, die es ihnen ermöglichen, moralische Risiken professionell zu steuern.
>
> Benötigt wird konkret eine risikobasierte Entscheidungsheuristik, welche es ermöglicht, das Chance/Risiko-Profil einer konkreten Kooperations- und Wettbewerbsstrategie zu verstehen, zu bewerten und aktiv zu steuern. Im Folgenden soll nun auf Basis der hier entwickelten Argumente eine Definition des Begriffs des moralischen Risikos erarbeitet werden, die geeignet ist, Unternehmen und ihren Führungskräften als Orientierungspunkt für die beschriebenen Entscheidungssituationen zu dienen.

3.3.3   Der Begriff des moralischen Risikos

Bei der Erzielung von Kooperationsgewinnen kann es, wie gesehen, leicht zu Konflikten zwischen der individuellen Gewinnerzielungsabsicht und der Erzielung von kollektiven Kooperationsgewinnen zum Vorteil aller Betroffenen kommen. Die separate Betrachtung von Chancen und Risiken für Kooperation und Wettbewerb kann nun dazu inspirieren, das individuelle Gewinnstreben als potenzielles Risiko für die Erzielung kollektiver Kooperationsgewinnen zu verstehen.[51] Gewinn würde dann, abstrakt gesprochen, als Risiko für Moral

---

[50] Der Wertemanagementansatz bei Wieland und Fürst ist seinem Selbstverständnis nach auch eher auf die Strukturierung von Interaktionsbeziehungen innerhalb einer Organisation ausgerichtet, als auf die Strukturierung der Interaktion mit externen Akteuren.

[51] Dies führt tendenziell dazu, die individuelle ökonomische Logik den kollektiven moralischen Zielen unterzuordnen. Siehe hierzu beispielsweise Ulrich (2001).

verstanden. Ebenso ist es möglich, normative gesellschaftliche Erwartungen als potenzielle Einschränkung für die Möglichkeiten der individuellen Gewinnerzielung zu verstehen. Moral wäre in diesem Sinne ein Risiko für die Erzielung von Gewinn.

Beide Sichtweisen sind wenig konstruktiv, da sie entweder den Verzicht auf Gewinn zur Ermöglichung moralischer Ziele oder die Zurückweisung moralischer Erwartungen zur Ermöglichung individueller Gewinne nahe legen. Stattdessen sollen moralische Risiken hier weder als Gefahr individuellen Verlustes aufgrund kollektiven Gewinnstrebens (Moral als Risiko für Gewinn), noch als Gefahr kollektiven Verlustes aufgrund individuellen Gewinnstrebens (Gewinn als Risiko für Moral) verstanden werden.

▶ Die nachhaltige Erzielung von Kooperationsgewinnen kann weder durch die systematische Unterdrückung individueller Interessen, noch durch die systematische Zurückweisung kollektiver Interessen gelingen.

Konflikte zwischen Gewinn und Moral sind zwar angesichts der Dynamik moderner Interaktionsbeziehungen unvermeidlich. Es bleibt jedoch im Ermessen der einzelnen Akteure, wie sie mit diesen Konflikten umgehen wollen. Hierfür können weder reine Zurückweisungsstrategien noch reine Compliancestrategien sinnvoll und zielführend sein. Die Akteure benötigen stattdessen risikobasierte Entscheidungsheuristiken zum Management von Konflikten zwischen Gewinn und Moral. Zur Beschreibung dieses Zusammenhangs wird nun folgende Definition des Begriffs des moralischen Risikos vorgeschlagen:

▶ **Moralische Risiken** resultieren aus Inkonsistenzen zwischen Gewinn und Moral. Sie äußern sich durch Zielkonflikte bei der Erzielung von individuellen und kollektiven Kooperationsgewinnen.[52]

Die Kompatibilität von Gewinn und Moral ist demnach als normatives Ziel permanent „im Risiko". Hieraus ergeben sich Konsequenzen für die Möglichkeiten der Erzielung von Kooperationsgewinnen. Eine vollständige Kompatibilität kann aufgrund der bei Clark (1899/1989) beschriebenen Dynamik des gesellschaftlichen und wirtschaftlichen Umfeldes niemals vollständig erreicht und fortlaufend erhalten werden. Es kann deshalb aus normativer Sicht nicht um die *Erreichung eines bestimmten Zustands* gehen, sondern um die *Etablierung eines Prozesses* zum risikoorientierten Umgang mit unvermeidlichen Inkonsistenzen. Dieser Prozess wird im Folgenden als moralisches Risikomanagement bezeichnet und wie folgt definiert:

▶ **Moralisches Risikomanagement** ist ein Prozess zur Identifikation von Inkonsistenzen zwischen Gewinn und Moral, zur Bewertung ihrer Relevanz, zur Steuerung von Maßnah-

---

[52] Der Begriff der Inkonsistenz kann als Synonym für andere Begriffe wie Diskrepanz oder Unstimmigkeit verwendet werden und beschreibt die fehlende Vereinbarkeit zweier oder mehrerer Ziele. Suchanek und Broock (2011) sowie Broock (2012) wenden ihn in einer speziellen Form auf Vertrauensprobleme an. Die entsprechende Definition wird in Kapitel 5 eingeführt.

men und fortlaufenden Überwachung ihres Erfolgs sowie zur Kommunikation der dabei erzielten Ergebnisse.

Die Existenz von moralischen Risiken und die Notwendigkeit eines Risikomanagement-prozesses führen zu verschiedenen Implikationen. Diese werden im kommenden Abschnitt zunächst umrissen und in den danach folgenden Kapiteln weiter konkretisiert.

Die in den vorherigen Abschnitten erarbeitete Strukturierung des Entscheidungskalküls eines Unternehmens hinsichtlich des Umgangs mit moralischen Erwartungen unter Wett-bewerbsbedingungen soll zunächst als rein deskriptive Situationsbeschreibung verstanden werden. Um tatsächlich Gestaltungsimpulse generieren zu können, ist es erforderlich, den noch eher abstrakten Begriff des moralischen Risikomanagements weiter zu konkretisieren, um ihn operationalisierbar beziehungsweise alltagstauglich zu machen.

Moralisches Risikomanagement am Beispiel des Vermögenswertes Vertrauen
Die Skizzierung der Grundlagen eines Risikomanagementprozesses soll im Folgenden im theoretischen Rahmen des ökonomischen Vertrauenskonzepts erfolgen. Der Rückgriff auf das (theoretische) Konzept Vertrauen anstelle (empirischer) Beobachtungen tatsächlichen Erwartungsbildungs- und Urteilsverhaltens geschieht aus Gründen der besseren Strukturier-barkeit von Problem und Lösungsansatz. Insbesondere kann auf diese Weise beschrieben werden, (i) warum bestimmte Interaktionskontexte *systematisch* zu bestimmten Vertrauen-serwartungen der beteiligten Akteure führen und (ii) dass das risikoorientierte Management dieser Erwartungen den Erfolg der Interaktionsbeziehung systematisch beeinflusst.

▶   Die Quellen moralischer Risiken sind in Anlehnung an die zuvor entwickelte
     Definition *relevante Inkonsistenzen* zwischen den Vertrauenserwartungen des
     Vertrauensgebers und der Vertrauenswürdigkeit des Vertrauensnehmers.[53]

Ausblick
Nach einer kurzen Einführung in die Ökonomik des Vertrauens soll ein idealtypischer Risikomanagementprozess beschrieben werden, wie er insbesondere im Bereich der Finanzwissenschaft Verbreitung gefunden hat. Als Referenz dient ein international aner-kannter Risikomanagementstandard, das *COSO Enterprise Risk Management – Integrated Framework* (COSO, 2004). Die dabei vorgenommene Aufteilung des Risikomanage-mentprozesses in verschiedene Teilprozesse soll einerseits zur Hervorhebung wichtiger Problemaspekte dienen und andererseits die praktische Implementierbarkeit des Prozesses erleichtern.

Das Risikomanagement relevanter Inkonsistenzen wird dann problemorientiert auf drei analytischen Ebenen konkretisiert. Es wird hierbei Bezug genommen auf die bei Suchanek und Broock (2011) sowie bei Broock (2012) vorgenommene Unterscheidung in die Ebenen

---

[53] Der Begriff der relevanten Inkonsistenzen wird übernommen von Suchanek und Broock (2011) und später ausführlich eingeführt.

des *Spielverständnisses*, der *Spielregeln* und der *Spielzüge*. Gemäß dieser analytischen Struktur wird *moralisches Risikomanagement beschrieben als*

* Integrationsaufgabe,
* Koordinationsaufgabe und als
* Führungsaufgabe.

Dabei wird unterstellt, dass auf jeder Ebene unterschiedliche Risikofaktoren existieren, die den Einsatz spezifischer Problemlösungs- beziehungsweise Steuerungsinstrumente erfordern. Entsprechend des im COSO ERM Rahmenwerk definierten Prozesses, sollen deshalb auf jeder analytischen Ebene die Möglichkeiten der Identifikation von Risikofaktoren, der Bewertung ihrer Relevanz, der Steuerung von Maßnahmen und der Kommunikation der dabei erzielten Ergebnisse erarbeitet werden. Moralisches Risikomanagement ist demnach als Kreislaufprozess zu verstehen, welcher nicht auf die Erreichung eines bestimmten Zustands ausgerichtet ist, sondern den fortlaufenden und systematischen Umgang normativen Erwartungen in einem dynamischen Wettbewerbsumfeld ermöglichen soll.

Literatur

Aghion, P., & Holden, R. (2011). Incomplete contracts and the theory of the firm: What have we learned over the past 25 years? *Journal of Economic Perspectives, 25*(2), 181–197.

Akerlof, G. A. (1970). The market for „lemons": Quality uncertainty and the market mechanism. *The Quarterly Journal of Economics, 84*(3), 488–500.

Allred, K. G., Mallozzi, J. S., Matsui, F., & Raia, C. P. (1997). The influence of anger and compassion on negotiation performance. *Organizational Behavior and Human Decision Processes, 70*(3), 175–187.

Arrow, K. J. (1963). Uncertainty and the welfare economics of medical care. *American Economic Review, 53*(5), 941–973.

Arrow, K. J. (1970). *Essays in the theory of risk-bearing*. Amsterdam: North-Holland Verlag.

Bertrand J. (1883). Review der Theorie mathematique de la richesse sociale und der Recherches sur les principles mathematique de la theorie des richesses. *Journal des Savants, 67*, 499–508.

Bougie, R., Pieters, R., & Zeelenberg, M. (2003). Angry customers don't come back, they get back: The experience and behavioral implications of anger and dissatisfaction in services. *Journal of the Academy of Marketing Science, 31*(4), 377–393.

Broock, M. von (2012). *Spielzüge, Spielregeln, Spielverständnis - Eine Investitionsheuristik für die soziale Ordnung*. Marburg: Metropolis.

Buchanan, J. M. (1964). *The inconsistencies of the national health service*. Institute of Economic Affairs, Occasional Paper, Nr. 7, London.

Buchanan, J. M. (1975). *Die Grenzen der Freiheit*. Tübingen: Mohr Siebeck Verlag.

Chatain, O., & Zemsky, P. (2009). Value creation and value capture with frictions. *Strategic Management Journal, 32*(11), 1206–1231.

Chee, C. S., & Murachver, T. (2012). Intention attribution in theory of mind and moral judgment. *Psychological Studies, 57*(1), 40–45.

Clark, J. B. (1892). Insurance and business profit. *The Quarterly Journal of Economics, 7*(1), 40–54.

Clark, J. B. (1899). *The distribution of wealth*. New York.

Coase, R. H. (1937). The nature of the firm. *Economica, 4*(16), 386–405.

Coase, R. H. (1960). The problem of social cost. *The Journal of Law & Economics, 3*(1), 1–44.
Cournot, A. (1838). *Recherches sur les principes mathématiques de la théorie des richesses.* Paris: McGraw-Hill.
Doherty, N. (2000). *Integrated risk management.* New York: McGraw-Hill.
Dowd, K. (2009). Moral hazard and the financial crisis. *Cato Journal, 29*(1), 141–166.
Fama, E. F., & French, K. R. (1993). Common risk factors in the returns on stocks and bonds. *Journal of Financial Economics, 33*(1), 3–56.
Farhi, E., & Tirole, J. (2012). Collective moral hazard, maturity mismatch, and systemic bailouts. *American Economic Review, 102*(1), 60–93.
Faulkner, E. J. (1960). *Health insurance.* New York: McGraw-Hill.
Fehr, E., & Gächter, S. (2000). Fairness and retaliation: The economics of reciprocity. *Journal of Economic Perspectives, 14*(3), 159–181.
Fehr, E., & Schmidt, K. M. (1999). A theory of fairness, competition, and cooperation. *Quarterly Journal of Economics, 114*(3), 817–868.
Fehr E., Fischbacher, U., & Gächter, S. (2002). Strong reciprocity, human cooperation, and the enforcement of social norms. *Human Nature, 13*(1), 1–25.
Foss, N. J. (1996). The "Alternative" theories of Knight and Coase, and the modern theory of the firm. *Journal of the History of Economic Thought, 18*(1), 76–95.
Friedman, M. (1970). The social responsibility of business is to increase its profits. *The New York Times Magazine, 33,* 122–126.
Gigerenzer, G. (2008). *Bauchentscheidungen* (3. Aufl.). München: Goldmann Verlag.
Gigerenzer, G., & Brighton H. (2009). Homo heuristicus: Why biased minds make better inferences. *Topics in Cognitive Science, 1*(1), 107–143.
Gigerenzer, G., & Gaissmaier, W. (2006). Denken und Urteilen unter Unsicherheit: Kognitive Heuristiken. In J. Funke (Hrsg.), *Denken und Problemlösen* (S. 329–374). Göttingen: Hogrefe Verlag.
Gigerenzer, G., & Hoffrage, U. (1995). How to improve Bayesian reasoning without instruction: Frequency formats. *Psychological Review, 102*(4), 684–704.
Gigerenzer, G., & Todd, P. (1999). *Simple heuristics that make us smart.* Oxford: Oxford University Press.
Gintis, H. (2009). Behavioral ethics. In E. Slingerland & M. Collard (Hrsg.), *Integrating Science and the Humanities: Interdisciplinary Approaches* (S. 318–333). Oxford: Oxford University Press.
Greene, J., & Haidt, J. (2002). How (and where) does moral judgment work? *Trends in Cognitive Sciences, 6*(12), 517–523.
Greenpeace (1997). *Brent Spar und die Folgen: Analysen und Dokumente zur Verarbeitung eines gesellschaftlichen Konflikts.* Göttingen: Werkstatt GmbH.
Griese, M., & Zeiss, H. (2012). Wie können sich Unternehmen strategisch positionieren? Positionierungen zum Thema Nachhaltigkeit. *CCaSS News, 17,* 4–9.
Grossman, S. J., & Hart, O. D. (1986). The costs and benefits of ownership: A theory of vertical and lateral integration. *Journal of Political Economy, 94*(4), 691–719.
Haidt, J. (2003). The moral emotions. In R. J. Davidson, K. R. Scherer, & H. H. Goldsmith (Hrsg.), *Handbook of affective sciences* (S. 852–870). Oxford: Oxford University Press.
Haidt, J. (2007). The new synthesis in moral psychology. *Science, 316*(5827), 998–1001.
Haidt, J., & Joseph, C. (2004). Intuitive ethics: How innately prepared intuitions generate culturally variable virtues. *Daedalus, 133*(4), 55–66.
Hawley, F. B. (1893). The risk theory of profit. *The Quarterly Journal of Economics, 7*(4), 459–479.
Hawley, F. B. (1900). Enterprise and profit. *Quarterly Journal of Economics, 15*(1), 75–105.
Hawley, F. B. (1901). Reply to final objection to the risk theory of profit. *Quarterly Journal of Economics, 15*(4), 603–620.

Hegel, G. W. F. (1820). Grundlinien der Philosophie des Rechts oder Naturrecht und Staatswissenschaft im Grundrisse. Werke in 20 Bänden mit Registerband, 7. Bd., 8. Auflage, Frankfurt a. M. 2004.

Holmström, B. (1979). Moral hazard and observability. *Bell Journal of Economics, 10*(1), 74–91.

Holmström, B. (1982). Moral hazard in teams. *Bell Journal of Economics, 13*(2), 324–340.

Homann, K. (1990). Wettbewerb und Moral. In C. Lütge (Hrsg.), *Vorteile und Anreize: Zur Grundlegung einer Ethik der Zukunft* (S. 23–44). Tübingen: Mohr Siebeck Verlag (2002).

Homann, K. (1994). Die Moralische Qualität der Marktwirtschaft. *List Forum für Wirtschafts- und Finanzpolitik, 20,* 15–27.

Homann, K. (1996). Wirtschaftsethik: Angewandte Ethik oder Ethik mit ökonomischer Methode. *Zeitschrift für Politik, 43,* 178–183.

Homann, K. (2007). *Ethik in der Marktwirtschaft.* Köln: Deutscher Instituts-Verlag.

Homann, K., & Lütge, C. (2005). *Einführung in die Wirtschaftsethik* (2. Aufl.). Münster: LIT Verlag: Mohr Siebeck Verlag.

Homann, K., & Pies, I. (1991). Wirtschaftsethik und Gefangenendilemma. *Wirtschaftswissenschaftliches Studium, 20*(12), 608–614.

Homann, K., & Suchanek, S. (2005). *Ökonomik – Eine Einführung* (2. Aufl.). Tübingen: Mohr Siebeck Verlag.

Ketelaar, T. (2006). The role of moral sentiments in economic decision making. In D. De Cremer, M. Zeelenberg, & J. K. Murnighan (Hrsg.), *Social psychology and economics* (S. 97–116). New York: Psychology Press.

Kim, S., & Lee, Y.-J. (2012). The complex attribution process of CSR motives. *Public Relations Review, 38*(1), 168–170.

Knight, F. (1921). *Risk, uncertainty and profit.* New York: Sentry Press.

Knobe, J. (2003). Intentional action in folk psychology: An experimental investigation. *Philosophical Psychology, 16*(2), 309–324.

Kohlberg (1969). Stage and sequence: The cognitive-developmental approach to socialization. In D. A. Goslin (Hrsg.), *Handbook of socialization theory and research.* Chicago: Rand McNally.

Korinek, A. (2011). Systemic risk-taking, amplification effects, externalities, and regulatory responses. In: European Central Bank, ECB Working Paper Series, Nr. 1345.

Kreps, D. M. (1990). Corporate culture and economic theory. In J. E. Alt & K. A. Shepsle (Hrsg.), *Perspectives on positive political economy* (S. 90–143). Cambridge: Cambridge University Press.

Kytle, B., & Ruggie, J. G. (2005). Corporate social responsibility as risk management. Working Paper der Corporate Social Responsibility Initiative, Nr. 10.

Laffont, J. J., & Maskin, E. (1982). The theory of incentives: An overview. In W. Hildebrand (Hrsg.), *Advances in Economic Theory.* Cambridge: Cambridge University Press.

Lange, D., & Washburn, N. T. (2012). Understanding attributions of corporate social irresponsibility. *Academy of Management Review, 37*(2), 300–326.

Lin-Hi, N. (2009). *Eine Theorie der Unternehmensverantwortung: Die Verknüpfung von Gewinnerzielung und gesellschaftlichem Interesse.* Berlin: Schmidt.

Lin-Hi, N., & Suchanek, A. (2011a). Corporate Social Responsibility als Integrationsherausforderung: Zum systematischen Umgang mit Konflikten zwischen Gewinn und Moral. *Zeitschrift für Betriebswirtschaftslehre, 81*(1), 63–91.

Lin-Hi, N., & Suchanek, A. (2011b). Corporate Social Responsibility und die Nachhaltigkeit von Unternehmen: Implikationen des gesetzesartigen Charakters von Vertrauenswürdigkeit. Unveröff. Ms., Mannheim/Leipzig.

Lintner, J. (1965). The valuation of risk assets and the selection of risky investments in stock portfolios and capital budgets. *Review of Economics and Statistics, 47*(1), 13–37.

Makadok, R. (2006). Four theories of persistent profit under competition, and their interaction effects. Working Paper.

Makadok, R. (2010). The interaction effect of rivalry restraint and competitive advantage on profit: Why the whole is less than the sum of the parts. *Management Science, 56*(2), 356–372.

Makadok, R. (2011). The four theories of profit and their joint effects. *Journal of Management, 37*(5), 1316–1334.

Mantow, W. (1995). *Die Ereignisse um Brent Spar in Deutschland. Darstellung und Dokumentation mit Fakten. Die Hintergründe und Einflussfaktoren. Kommentare und Medienresonanzen.* Shell Deutschland: Hamburg.

Markowitz, H. M. (1952). Portfolio selection. *Journal of Finance, 7*(1), 77–91.

Mises, L. von (1927). *Liberalismus* (4. Aufl.). Sankt Augustin: Gustav Fischer.

Murphy, J. (1994). Cognitive and moral obstacles to imputation. *Jahrbuch für Recht und Ethik – Annual Review of Law and Ethics, 2,* 67–79.

Myerson, R. B. (1982). Optimal coordination mechanisms in generalized principal-agent problems. *Journal of Mathematical Economics, 10*(1), 67–81.

Okamoto, K. S. (2009). After the bailout: Regulating systemic moral hazard. *UCLA Law Review, 57*(1), 183–236.

Pauly, M. (1968). The economics of moral hazard: Comment. *American Economic Review, 58*(3), 531–536.

Piaget, J. (1937). Der Aufbau der Wirklichkeit beim Kinde. In J. Sandberg, C. Thirion, & L. Wunberg (Hrsg.), *Gesammelte Werke* (2. Bd., 2. Aufl.). Stuttgart: Klett-Cotta (1998).

Pies, I., & Winning, A. von (2005). Wirtschaftsethik. In R. Hasse, H. Schneider, & K. Weigelt (Hrsg.), *Lexikon Soziale Marktwirtschaft* (S. 495–498). Paderborn: UTB Verlag.

Porter, M. E. (1979). How competitive forces shape strategy. *Harvard Business Review, 57*(2), 137–145.

Porter, M. E. (1985). *Competitive advantage: Creating and sustaining superior performance.* New York: Free Press.

Porter, M. E. (2001). The value chain and competitive advantage. In D. Barnes (Hrsg.), *Understanding business: Processes* (S. 50–66). London: Psychology Press.

Porter, M. E., & Kramer, M. R. (2006). Strategy & Society: The link between competitive advantage and corporate social responsibility. *Harvard Business Review, 84*(12), 78–92.

Prahalad C. K., & Hamel G. (1990). The core competence of the corporation. *Harvard Business Review, 90*(3), 79–91.

Rawls, J. (1979). *Eine Theorie der Gerechtigkeit.* Frankfurt a. M: Suhrkamp Verlag.

Ricardo, D. (1817). *Principles of political economy and taxation.* In F. W. Kolthammer (Hrsg.), Dover 2004.

Ripperger, T. (1998). *Ökonomik des Vertrauens: Analyse eines Organisationsprinzips* (2. Aufl.). Tübingen: Mohr Siebeck Verlag (2005).

Ross, S. (1976). The arbitrage theory of capital asset pricing. *Journal of Economic Theory, 13*(3), 341–360.

Rozin, P., Lowery, L., Imada, S., & Haidt, J. (1999). The CAD triad hypothesis: A mapping between three moral emotions (contempt, anger, disgust) and three moral codes (community, autonomy, divinity). *Journal of Personality and Social Psychology, 76*(4), 574–586.

Ruth, J. A., Brunel, F. F., & Otnes, C. C. (2002). Linking thoughts to feelings: Investigating cognitive appraisals and consumption emotions in a mixed-emotions context. *Journal of the Academy of Marketing Science, 30*(1), 44–58.

Samuelson, P. A., & Nordhaus, W. D. (1998). *Volkswirtschaftslehre* (15. Aufl.). Frankfurt a. M: Redline Verlag.

Schmit, J. T., & Roth, K. (1990). Cost effectiveness of risk management practices. *The Journal of Risk and Insurance, 57*(3), 455–470.

Schumpeter, J. A. (1954). *History of economic analysis.* Oxford: Oxford University Press.

Sharpe, W. F. (1964). Capital asset prices: A theory of market equilibrium under conditions of risk. *Journal of Finance, 19*(3), 425–442.

Simmel, G. (1894). Das Problem der Soziologie. In H.-J. Dahme & D. P. Frisby (Hrsg.), *Georg Simmel: Aufsätze und Abhandlungen 1894–1900, Georg-Simmel-Gesamtausgabe* (5. Bd.). Frankfurt a. M.: Suhrkamp 1992.

Simon, H. (1955). A behavioural model of rational choice. *Quarterly Journal of Economics, 69*(1), 99–118.

Smith, A. (1776). Der Wohlstand der Nationen. In H. C. Recktenwald (Hrsg.), *Der Wohlstand der Nationen* (5. Aufl.). München: Deutscher Taschenbuch Verlag. (1990).

Stackelberg, H. (1934). *Markform and Gleichgewicht.* Wien: Springer.

Suchanek, A. (2007). *Ökonomische Ethik* (2. Aufl.). Tübingen: Mohr Siebeck Verlag.

Suchanek, A. (2011a). Das Verhältnis von Markt und Moral. In M. Aßländer (Hrsg.), *Handbuch Wirtschaftsethik* (S. 198–208). Stuttgart: Metzler Verlag.

Suchanek, A. (2012a). Vertrauen als Grundlage nachhaltiger unternehmerischer Wertschöpfung. In A. Schneider & R. Schmidpeter (Hrsg) *Corporate Social Responsibility – Verantwortungsvolle Unternehmensführung in Theorie und Praxis* (S. 55–66). Berlin: Springer Gabler.

Suchanek, A., & Broock, M. von (2011). Konzeptionelle Überlegungen zum Leitbild für verantwortliches Handeln in der Wirtschaft. In: Wittenberg-Zentrum für Globale Ethik e. V. (Hrsg.), *Diskussionspapier* Nr. 2.

Suchanek A., & Kerscher, K.-J. (2009). *Der Homo oeconomicus: Verfehltes Menschenbild oder leistungsfähiges Analyseinstrument?* Leipzig: Unveröff. Ms.

Suchanek A., & Waldkirch, R. (1999). Das Konzept der offenen Verträge. *Diskussionsbeiträge der Katholischen Universität Eichstätt-Ingolstadt, Wirtschaftswissenschaftliche Fakultät Ingolstadt, 128.*

Suchman, M. C. (1995). Managing legitimacy: Strategic and institutional approaches. *Academy of Management Review, 20*(3), 571–611.

Tversky, A., & Kahneman, D. (1973). Availability: A heuristic for judging frequency and probability. *Cognitive Psychology, 5*(2), 207–232.

Tversky, A., & Kahneman, D. (1974). Judgment under uncertainty: Heuristics and biases. *Science, 185*(4157), 1124–1131.

Ulrich, P. (2001). *Integrative Wirtschaftsethik. Grundlagen einer lebensdienlichen Ökonomie.* Bern: Haupt Verlag.

Wieland, J. (1999). *Die Ethik der Governance.* Marburg: Metropolis-Verlag.

Wieland, J. (2005). Governanceethik und moralische Anreize. In T. Beschorner, B. Hollstein, M. König, M.-Y. Lee-Peuker, & O. J. Schumann (Hrsg.), *Wirtschafts-und Unternehmensethik. Rückblick – Ausblick – Perspektiven* (S. 251–280). München: Hampp.

Wieland, J., & Fürst, M. (2002). WerteManagement – Der Faktor Moral im Risikomangement, KIeM Working Paper Series, Nr. 1.

Williamson, O. E. (1979). Transaction-cost economics: The governance of contractual relations. *Journal of Law and Economics, 22*(2), 233–261.

Wöhe, G. (2002). *Einführung in die Allgemeine Betriebswirtschaftslehre* (21. Aufl.). München.

Wry, T. E. (2009). Does business and society scholarship matter to society? Pursuing a normative agenda with critical realism and neoinstitutional theory. *Journal of Business Ethics, 89*(2), 151–171.

Zeelenberg, M., & Pieters, R. (2006). Feeling is for doing: A pragmatic approach to the study of emotions in economic behavior. In D. De Cremer, M. Zeelenberg, & J. K. Murnighan (Hrsg.), *Social psychology and economics* (S. 117–137).

Zeelenberg, M., Nelissen, R., Breugelmans, S., & Pieters, R. (2008). On emotion specificity in decision making: Why feeling is for doing. *Judgment and Decision Making, 3*(1), 18–27.

Moralisches Risikomanagement am Beispiel des Vermögenswertes Vertrauen

4

4.1 Issue Management und Behavioral Business Ethics

▶ Der Versuch, moralisches Entscheiden, Verhalten und Urteilen anhand von kognitiven Mechanismen zu erklären, wird in der Wissenschaft unter anderem als *Behavioral Business Ethics* bezeichnet. Die Forscher befassen sich hierbei mit kognitiven Prozessen der moralischen Urteils- und Entscheidungsbildung (*moral judgement*) und versuchen, die entscheidenden Trigger und Wechselwirkungen nachzuvollziehen. Das Ziel ist es zu verstehen, warum eine bestimmte Handlung einer Person durch eine andere Person als moralisch oder als verurteilenswert empfunden wird und wie durch diese Empfindung Reaktionen (z. B. Belohnung oder Sanktionierung) motiviert werden.

Moralische Empfindung (moral sentiments) sind Gegenstand zahlreicher empirischer Forschungsansätze. Handlungen und Urteile sind demnach nicht vollständig kognitiv determiniert, sondern in Teilen von konkreten situativen Umständen (beispielsweise Gruppeneffekte) und Empfindungen (beispielsweise wechselseitige Sympathie) abhängig.

Zum besseren Umgang mit moralischen Erwartungen ihrer Stakeholder könnten Unternehmen demnach versuchen, ein besseres Verständnis über die kognitiven Muster moralischer Erwartungs- und Urteilsbildungsprozesse zu erlangen und diese als Grundlage für einen Managementprozess zu nehmen. Dies könnte beispielsweise bedeuten, die Entscheidungen und Handlungen eines Unternehmens an der zu erwartenden moralischen Beurteilung zu orientieren.[1] Damit werden üblicherweise positive Auswirkungen auf die

---

[1] Siehe beispielsweise Costa und Menichini (2013, S. 150): „Business returns from corporate social responsibility (CSR) practices, such as customers loyalty and company reputation, depend heavily on how stakeholders perceive the company social behavior, making the measure of stakeholder perception a key issue in the process of CSR assessment." Die Autoren beschreiben damit einen

© Springer-Verlag Berlin Heidelberg 2014
C. Schiel, *Management moralischer Risiken in Unternehmen*,
DOI 10.1007/978-3-642-41381-0_4

wahrgenommene *Sympathie* des Unternehmens angestrebt.[2] Zugleich kann die Orientierung an empirischen Moralurteilsprozessen auch auf eine Steigerung der wahrgenommenen *Glaubwürdigkeit* der Unternehmenskommunikation insbesondere in öffentlichen Unternehmenskrisen gerichtet sein. Handlungen wären dann an der Glaubwürdigkeit auszurichten, die sie einem Unternehmen potenziell verschaffen können, beispielsweise durch Bereitstellung besonders hoher Spendenbudgets.

Dieses verhaltenswissenschaftliche Vorgehen weist jedoch eher die Züge eines taktischen Issues Management Ansatzes auf, als die eines strategischen Risikomanagementansatzes, da die Begrenzung des Schadenpotenzials sich bereits andeutender Konflikte die Analyse und Prävention möglicher Konfliktursachen tendenziell überwiegt. Impulse ergeben sich zumeist stärker für die Gestaltung von Kommunikations- als von operativen Geschäftsprozessen.[3] Die Vielfältigkeit und Komplexität empirischer moralischer Erwartungsbildungs- und Urteilsprozesse lässt zudem wenig Raum zur Strukturierung und erfordert stattdessen die permanente Beobachtung von Issues. Die dabei verfügbare, eher kurze Reaktionszeit führt tendenziell nicht dazu, die bei Lin-Hi (2009) diagnostizierte Gefahr der Überforderung von Unternehmen beim Umgang mit moralischen gesellschaftlichen Erwartungen unter Wettbewerbsbedingungen signifikant zu reduzieren. Die Identifikation und das Management von Issues haben sich zwar in der Praxis als wichtiges Instrument zum *operativen* Umgang mit moralökonomischen Spannungsfeldern bewährt.[4] Eine *strategische* Voraussicht kann jedoch aufgrund fehlender stabiler Orientierungspunkte kann hiermit jedoch nicht hinreichend gewährleistet werden.

4.2 Ganzheitliche Risikosteuerung durch stabile moralische Orientierungspunkte

▶   Um geeignete Orientierungspunkte für betriebliche Entscheidungsprozesse schaffen zu können, ist es erforderlich, empirische moralische Erwartungsbildungs- und Urteilsprozesse stärker zu systematisieren. In Abgrenzung zu den zuvor beschriebenen empirischen Ansätzen wird deshalb im Folgenden ein *struktureller Ansatz* entwickelt.

CSR Ansatz, der sich an der empirischen Wahrnehmung einzelner Maßnahmen durch die relevante Öffentlichkeit orientiert. Vgl. hierzu auch Sen und Bhattacharya (2001).

[2] Zum Zusammenhang zwischen Sympathie und Moral im Bereich der CSR siehe beispielsweise Carrasco (2010, S. 157): „The consideration of sympathy and the possibility of making moral judgements, give us new possibilities to relate CSR to Smiths's moral theory. First of all, because agents of one society can or cannot sympathise with social results of the acts of a businessman, who has to consider their reactions in order to maintain the business activity on the long term."

[3] Siehe hierzu beispielsweise Vanhamme und Grobben (2009, S. 273): „The use of corporate social responsibility (CSR) claims may provide an effective tool to counter the negative impact of a crisis [. . .]."

[4] Als weiteres Beispiel für Issues Management Ansätze im Bereich der Unternehmensethik vgl. auch Weiss (2009).

Die Abstrahierung von kognitiven Moralurteilsprozessen durch eine möglichst strukturelle Erfassung des Interaktionskontextes (z. B. eines Vertrauenskontextes) soll es ermöglichen, die Ursachen für moralische Risiken möglichst strukturiert zu erfassen und systematische Lösungsansätze mit strategischer Perspektive zu entwickeln.[5]

Konsequenterweise können jedoch durch den Verzicht auf empirische Verhaltens-beobachtung die erzielten Ergebnisse nicht unmittelbar und unreflektiert auf konkrete geschäftliche Alltagssituationen übertragen werden. Es wäre stets zu prüfen, ob der betrachtete spezifische Kontext durch bestimmte Strukturmerkmale charakterisiert ist, welche die Anwendung einer entsprechenden *Heuristik* rechtfertigen.

Als strukturierendes Konzept wird konkret der *ökonomische Vertrauensbegriff* vorge-schlagen.[6]

▶   Vertrauen ist im Bereich der Ökonomik kein empirisches Verhaltenskonzept, sondern ein theoretisches Interaktionskonzept, beziehungsweise eine Heuristik zur Bewältigung von komplexitätsbedingten Interaktionsproblemen.[7]

Die Anwendbarkeit des Vertrauenskonzepts zur Analyse moralischer Risiken wird damit begründet, dass es nicht primär um die realitätsnahe Beschreibung empirischen Verhaltens, sondern um die Modellierung von systematischen Wechselwirkungen und Abhängigkeiten im Rahmen von sozialen und geschäftlichen Beziehungen geht.

▶   Es wird unterstellt, dass aufgrund bestimmter Faktoren, die durch i) die Situation, ii) die Eigenschaften der Akteure oder iii) ihre wechselseitige Iden-tifikation begründet sein können, ein Vertrauenskontext entstehen kann, der systematische Vertrauenserwartungen der beteiligten Akteure beinhaltet.

Es wird weiterhin unterstellt, dass die Art des Umgangs eines Akteurs mit an ihn adressierten Vertrauenserwartungen dessen wahrgenommene Vertrauens-würdigkeit systematisch beeinflusst und letztlich – ebenfalls systematisch – zu Chancen und Risiken für den Erfolg der Interaktionsbeziehung führt.

Die hierbei zugrunde gelegte Determinierung und Konsistenz von Abläufen wird realen Moralurteilsprozessen zwar nicht vollständig gerecht, dies ist allerdings auch nicht beab-

---

[5] Vgl. beispielsweise Hielscher (2011), der Dilemmastrukturen als strukturelle Ursachen für sozia-le Beziehungsrisiken versteht und einen Risikomanagementansatz vorschlägt, der systematisch auf ihre Identifikation und Überwindung mit Hilfe geeigneter institutioneller Strukturen ausgerichtet ist. Dieser Ansatz soll im Weiteren als möglicher Bestandteil einer breiteren Konzeption moralischen Risikomanagements wieder aufgegriffen werden.

[6] Vgl. unter anderem Zand (1972), Gambetta (1988/2000), Dasgupta (1990/2000), Kreps (1990), Williamson (1993), Broock und Suchanek (2009), Suchanek (2012a) sowie im Bereich der Soziologie Parsons und Shils (1951) sowie Luhmann (1968)/2000).

[7] Vgl. beispielsweise Broock und Suchanek (2009). Auch Zucker (1986, S. 56) beschreibt Vertrauen in einem Interaktionskontext als „vital for the maintenance of cooperation in society and necessary as grounds for even the most routine, everyday interactions." Luhmann (1968/2000) versteht Vertrauen als Mechanismus zur Bewältigung von Komplexität.

sichtigt. Die vorgenommene Vereinfachung des betrachteten Interaktionskontextes genügt, um zu beschreiben, dass die handelnden Akteure auf die genannten Faktoren „nicht willkürlich oder zufällig […] reagieren, sondern in einer Weise, die systematisch und damit grundsätzlich nachvollziehbar ist" (Suchanek und Kerscher 2009, S. 258).

Mit Hilfe des ökonomischen Vertrauenskonzepts soll später skizziert werden, wie moralisches Risikomanagement in die Geschäftsprozesse eines Unternehmens implementiert werden kann.

4.3   Vertrauen ist ein strategischer Vermögenswert für Unternehmen

▶   Die Bedeutung von Vertrauen für erfolgreiche Geschäftsbeziehungen basiert im Kern auf dem Umstand der Ungewissheit über zukünftige Ereignisse : „[We] cannot know today what we will learn and believe tomorrow." (North 2005, S. 69). Der Ausgangspunkt vieler ökonomischer Vertrauenskonzeptionen ist deshalb eine Situation der *Unsicherheit*.[8]

Unternehmen und ihre Führungskräfte sind in vielen Alltagssituationen vom Eintritt oder Ausbleiben zukünftiger, jedoch unsicherer Ereignisse oder Handlungen betroffen. Das betrifft beispielsweise die Frage, ob sich Geschäftspartner an getroffene Abmachungen halten oder ob bestimmte Rechte vor Gericht durchgesetzt werden können. Verlässliche Vorhersagen sind hierüber jedoch in vielen Fällen nicht möglich.

Die Vielzahl an ungewissen Möglichkeiten geht deshalb mit einem hohen Maß an *Komplexität* einher. Führungskräfte werden dadurch gezwungen, Erwartungen über unsichere zukünftige Ereignisse zu treffen und ihre Entscheidungen und Handlungen (insb. Investitionsentscheidungen) daran zu orientieren. Abhängig vom tatsächlich eintretenden Ereignis bzw. von der tatsächlichen Handlung anderer Akteure kann sich die getroffene Entscheidung bzw. die getätigte Investition nachträglich als ökonomisch effizient oder ineffizient herausstellen.[9] Halten etwa Kunden vereinbarte Abnahmemengen nicht ein, kann sich beispielsweise die Investition in neue Produktionsanlagen oder Lagerräume in unmittelbarer Nähe des Kunden nachträglich als Fehlinvestition erweisen.

Je komplexer sich konkrete Geschäftsbeziehungen oder allgemeine Marktentwicklungen gestalten, desto weniger können Führungskräfte die Folgen einzelner Handlungen überblicken und alle relevanten Parameter bei ihren Entscheidungen berücksichtigen: „Es kann offensichtlich nicht das Normale sein, daß jede Person, die sich am Markt beteiligt, vollkommene Kenntnis von allem besitzt, das den Markt beeinflusst." (Hayek 1952, S. 126)

---

[8] Vgl. unter anderem Zand (1972), Gambetta (1988/2000), Dasgupta (1990/2000), Kreps (1990) sowie Williamson (1993).

[9] „If all changes were to take place in accordance with invariable and universally known laws, they could be foreseen for an indefinite period in advance of their occurrence […]. Hence it is our imperfect knowledge of the future, a consequence of change, not change as such, which is crucial for the understanding of our problem." Knight (1921, S. 198).

▶   Ausgangspunkte für Vertrauen sind das Fehlen von gesicherten Erwartungen
über zukünftige Ereignisse oder Handlungen und die damit einhergehende
Komplexität.

Unsicherheit gewinnt vor allem in Verbindung mit einem weiteren wichtigen Vertrauensaspekt an Bedeutung, der eigenen *Verwundbarkeit* beziehungsweise Verletzlichkeit.[10]
Wäre mit unsicheren zukünftigen Ereignissen nicht auch das Risiko von Verlusten verbunden, ergäbe sich auch kein konkreter Handlungsbedarf. Ereignisse könnten einfach
gefahrlos abgewartet werden. Stattdessen stehen Führungskräfte häufig vor dem Problem,
über Investitionen (bspw. Joint Ventures mit anderen Partnern) zu entscheiden, deren zukünftiger Gegenwert unsicher ist. Luhmann (1968/2000, S. 27) bezeichnet Vertrauen vor
diesem Hintergrund als „Problem der riskanten Vorleistung".[11] Die Möglichkeit des Verlusts der erbrachten Vorleistung kann das Entscheidungskalkül des Investors maßgeblich
beeinflussen.[12]

▶   In der Literatur werden verschiedene Möglichkeiten des Umgangs mit Situationen der Unsicherheit und der Verletzlichkeit diskutiert. Dazu zählen
insbesondere Hoffnung, Kontrolle und Ver*trauen*.[13]

Das Prinzip Hoffnung
Werden Entscheidungen unabhängig von konkreten Erwartungen über zukünftige Ereignisse gefällt, bezeichnet Luhmann dies als *Hoffnung*: „Der Hoffende fasst trotz Unsicherheit
einfach Zuversicht." (Luhmann 1968/2000, S. 29). Suchanek und Waldkirch (1999,
S. 13) betonen jedoch angesichts von Komplexität und Unsicherheit die Notwendigkeit, „hinreichend verlässliche Erwartungen hinsichtlich des Verhaltens von (potenziellen)
Interaktionspartnern bilden zu können."

Das Prinzip Kontrolle
Anders als das Prinzip Hoffnung beinhaltet *Kontrolle* deshalb Maßnahmen, um die Handlungsmöglichkeiten anderer Akteure durch institutionelle Arrangements (z. B. gerichtlich

---

[10] Zand (1972, S. 230) sieht Vertrauen basierend auf Deutsch (1962) im Kontext von „actions that
(a) increase one's vulnerability, (b) to another whose behavior is not under one's control, (c) in a
situation in which the penalty (disutility) one suffers if the other abuses that vulnerability is greater
than the (utility) one gains if the other does not abuse that vulnerability."

[11] Siehe hierzu auch Ripperger (1998/2005, S. 73): „Vertrauen manifestiert sich in der Erbringung
einer riskanten Vorleistung durch den Vertrauensgeber."

[12] Vgl. hierzu Ripperger (1998/2005, S. 83): „Die Platzierung von Vertrauen (Vertrauensentscheidung) ist für den Vertrauensgeber mit einem Risiko verbunden. Als Prinzipal muss er sich entscheiden,
ob und inwieweit er eine Vertrauensbeziehung mit dem Vertrauensnehmer und damit ein bestimmtes
Risiko eingehen will."

[13] Zum Verhältnis von Risiko, Hoffnung, Kontrolle und Vertrauen siehe auch Nooteboom (1996)
sowie Das und Teng (1998, 2001).

durchsetzbare Verträge, Aufsichtbehören, etc.) zu steuern. Sie reduzieren Unsicherheit und vereinfachen so soziale Beziehungen oder machen diese überhaupt erst möglich. Auf diese Weise kann in gewissem Umfang Kontrolle über zukünftige Ereignisse ausgeübt werden.[14]

▶   Der Intuition, dass rationale Akteure bestrebt sein sollten, Verträge mit anderen
      Akteuren möglichst vollständig zu gestalten, um beispielsweise opportuni-
      stischem Verhalten vorzubeugen, widerspricht die empirische Beobachtung
      Macaulay (1963), dass Geschäftsbeziehungen im Alltag stark durch informelle
      und juristisch nicht durchsetzbare Verträge geprägt sind.

Kontrolle über wechselseitiges Verhalten oder über den Umgang mit zukünftigen Er- eignissen kann jedoch nur dann ausgeübt werden, wenn sie in Verträgen vollständig abgebildet werden können. Verträge können unter anderem deshalb unvollständig sein, weil die Vertragspartner die Vielzahl denkbarer zukünftiger Umweltzustände nicht um- fassend antizipieren und beschreiben können.[15] Falls diese unzureichend beschriebenen Umweltzustände dann tatsächlich eintreten, können entsprechend Konflikte zwischen den Vertragspartnern entstehen.

   Die Durchsetzbarkeit eines Vertrages vor Gericht ist ein weiterer wichtiger Aspekt. Sofern beispielsweise ein vertraglicher Leistungsindukator (bspw. Einhaltung von Qua- litätsnormen) für die Vertragspartner beobachtbar, gegenüber Dritten jedoch nicht oder nur zu sehr hohen Kosten nachweisbar ist (bspw. durch aufwendige Qualitätsgutachten), können Anreize für opportunistisches Verhalten entstehen.

Das Prinzip Vertrauen
Gelingt es nicht, Verträge über Investitionen oder angestrebte Partnerschaften weitgehend vollständig zu gestalten, gewinnt Vertrauen an praktischer Bedeutung im Geschäftsalltag. Ohne Vertrauen könnten viele Kooperationen aufgrund der beschriebenen Umstände nicht stattfinden. Vertrauen kann Vertrags-, Kontroll- und andere Transaktionskosten signifikant reduzieren. Dies bedeutet zugleich jedoch auch die Reduzierung von Kontrollmöglichkeiten durch den Vertrauensgeber.

▶   „Aufgrund der Unvollständigkeit von vertraglichen Regelungen wird Vertrauen
      zu einem zentralen Wertschöpfungsfaktor." (Lin-Hi und Suchanek 2011, S. 10).
      Vertrauen erschließt Handlungs- und Kooperationsmöglichkeiten, „die ohne
      Vertrauen unwahrscheinlich und unattraktiv geblieben, also nicht zum Zuge
      gekommen wären." (Luhmann 1968/2000, S. 30).

---

[14] Diese Sichtweise findet sich exemplarisch bei North (1990, S. 3): „Institutions reduce uncertainty by providing a structure to everyday life". North verwendet den Institutionenbegriff als Synonym für die Spielregeln einer Gesellschaft: „Institutions are the rules of the game in a society" (North, 1990, S. 3).

[15] Grossman und Hart (1986) argumentieren beispielsweise, dass bestimmte Faktoren prinzipiell nicht ex ante vertraglich regelbar sind. Sie führen dies auf die Schwierigkeit zurück, alle relevanten Faktoren umfänglich zu erfassen und adäquat zu beschreiben.

Vertrauensbeziehungen beschreiben *wechselseitige* Abhängigkeiten. Neben der Bereitschaft des *Vertrauensgebers*, Verwundbarkeit in Situationen der Unsicherheit zu akzeptieren, ist nämlich für das Zustandekommen einer Vertrauensbeziehung auch die Bereitschaft des *Vertrauensnehmers* erforderlich, derartige Situationen nicht auszunutzen. Vertrauensgeber und Vertrauensnehmer werden zusammen als Parteien der Vertrauensbeziehung bezeichnet (Ripperger 1998/2005, S. 72).

Konsistentes und vertrauenswürdiges Verhalten kann über die Zeit zum Aufbau einer Reputation führen: „In transactions where one side must trust the other, reputation of the trusted party can be a powerful tool for avoiding the transaction costs of specifying and enforcing the terms of the transaction. [. . .] Reputation works as follows: The trusted party will honor that trust because to abuse it would preclude or substantially limit opportunities to engage in future valuable transactions." (Kreps 1990, S. 116).

Um die eigene Vertrauenswürdigkeit für weitere Kooperationen zu erhalten, sollte das gegebene Vertrauen im Verlauf der Interaktion nicht ausgebeutet werden: „Die weitere Genese von Vertrauen erfordert [. . .] dessen Honorierung." (Ripperger 1998/2005, S. 63).

Erwartungen über die Honorierung von gegebenem Vertrauen und der Umgang mit diesen Erwartungen durch den Vertrauensnehmer sind von großer Bedeutung für den Bestand einer Vertrauensbeziehung. Im folgenden Abschnitt werden deshalb insbesondere Inkonsistenzen zwischen den Vertrauenserwartungen des Vertrauensgebers und der wahrgenommenen Vertrauenswürdigkeit des Vertrauensnehmers sowie die Relevanz dieser Inkonsistenzen für die Vertrauensbeziehung thematisiert.

4.4   Relevante Inkonsistenzen zwischen Vertrauenserwartungen und der eigenen Vertrauenswürdigkeit

▶   Die Kompatibilität von Vertrauenserwartungen des Vertrauensgebers und der wahrgenommenen Vertrauenswürdigkeit des Vertrauensnehmers ist eine wichtige Voraussetzung für gelingende Vertrauensbeziehungen. Größere Diskrepanzen zwischen Vertrauenserwartungen und wahrgenommener Vertrauenswürdigkeit gefährden hingegen potenziell die Vertrauensbeziehung. Inkonsistenzen haben das Potenzial, Vertrauensbeziehungen zu zerstören und können so das Gelingen von Kooperationen nachhaltig beeinträchtigen.

Aus dem ökonomischen Verständnis von Vertrauen leiten sich konkrete *Vertrauenserwartungen* an den Umgang des Vertrauensnehmers mit riskanten Vorleistungen des Vertrauensgebers ab. Weiterhin können Vertrauenserwartungen hinsichtlich des Verhaltens von Kooperationspartnern gegenüber anderen Akteuren (bspw. Mitarbeitern), etwa im Zusammenhang mit der Einhaltung von Regeln (z. B. Arbeitssicherheit) oder mit der Verursachung von negativen Externalitäten (z. B. Umweltschäden) entstehen.

Gesellschafliche Vertrauenserwartungen sind vielschichtig

Verbraucher erbringen beispielsweise riskante Vorleistungen, indem sie sich für den Kauf einer Ölheizung, den Anschluss an eine Gaszentralheizung oder den Kauf eines Autos mit Dieselmotor entscheiden. Ihre Vertrauenserwartungen an Unternehmen der Öl- und Gasbranche beziehen sich beispielsweise – jedoch keineswegs allein – auf die spätere Sicherstellung der Verfügbarkeit von Diesel, Erdgas oder Heizungsöl.

Vertrauenserwartungen beziehen sich häufig auch darauf, wie bzw. unter welchen Umständen ein Vertragspartner seine versprochene Leistung erbringt und ob dabei andere Akteure zu Schaden kommen. Die Katastrophe auf der Ölplattform Deepwater Horizon im Golf von Mexiko im Jahr 2010, in deren Folge elf Arbeiter starben und eine Ölpest mit massiven Umweltverschmutzungen verursacht wurde, zeigt, dass gesellschaftliche Vertrauenserwartungen auch an den Umgang von Unternehmen mit Arbeitssicherheit und dem Schutz der Umwelt bestehen. Im späteren Gerichtsverfahren stellte sich heraus, dass sowohl der Betreiber der Plattform, das Unternehmen Transocean, als auch der Leasingnehmer, das Unternehmen BP, schwerwiegende Inkonsistenzen zwischen diesen Vertrauenserwartungen und dem eigenen Verhalten zu verantworten hatten.

Das Verhältnis eines Unternehmens zu seinen Stakeholdern ist also in vielen Fällen ein vertrauensbasiertes Verhältnis.[16] Kundenbeziehungen sind beispielsweise häufig dadurch geprägt, dass der Verkäufer über wesentlich größeres Wissen hinsichtlich der Eigenschaften des Produkts bzw. der Leistung (z. B. Qualität der Verarbeitung, Haltbarkeit) oder damit verbundener Gebühren und Provisionen verfügt, als der Kunde. Dies gilt ebenso für die sozialen oder ökologischen Umstände, unter denen das Produkt hergestellt bzw. die Leistung erbracht wird. Auch weiß der Verkäufer besser, ob sich das Unternehmen im Falle eventueller späterer Reklamationen kulant oder abweisend zeigen wird und gegebenenfalls auch, ob es Off-Shore Gesellschaften betreibt, um Steuern auf seine Gewinne zu minimieren.

Diese Informationsasymmetrie erfordert die Erbringung riskanter materieller oder ideeller Vorleistungen durch den Kunden. Er muss etwa (sofern ihm dies wichtig erscheint) auf die soziale oder ökologische Integrität der Lieferkette vertrauen und auch darauf, dass er bei späteren Mängeln angemessene Unterstützung vom Unternehmen erhält. Die Beurteilung der Vertrauenswürdigkeit des Unternehmens (bzw. dessen Vertriebsmitarbeiter) durch den Kunden ist vor diesem Hintergrund von besonderer Bedeutung.

Die Vertrauenswürdigkeit eines Unternehmens kann in drei Arten unterteilt werden (Suchanek 2012a):
* Vertrauenswürdigkeit kann sich zum einen auf die *Funktionalität* eines Produktes (z. B. Stabilität, Nutzen, etc.) oder auf die fachliche Kompetenz des Erbringers einer Leistung (z. B. eines Beraters) beziehen.

---

[16] Ein Teil dieses Abschnittes entstammt in leicht angepasster Form einem zuvor publizierten Artikel des Autors zum Thema Risikomanagement im Vertrieb (Schiel 2014).

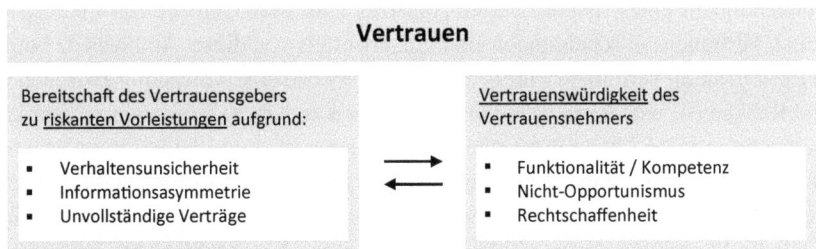

Abb. 4.1 Vertrauenswürdigkeit und riskante Vorleistungen

- Vertrauenswürdigkeit als *Nicht-Opportunismus* betrifft im Kern den Umgang eines Unternehmens mit gegebenen Versprechen z. B. an Kunden, um diese (z. B. mit Qualitäts- oder Serviceversprechen) zu riskanten Vorleistungen zu motivieren.
- Vertrauenswürdigkeit als *Rechtschaffenheit* beinhaltet schließlich den Umgang des Unternehmens mit anderen, indirekt beteiligten Akteuren oder seiner Beziehung zur Gesellschaft. Hierunter fallen beispielsweise die soziale oder ökologische Integrität der Lieferkette, der Umgang mit Korruption oder die Steuerehrlichkeit des Unternehmens. Das zuvor genannte Beispiel der ERGO Versicherung verdeutlicht in diesem Zusammenhang, dass Vertrauenserwartungen sich gerade auch auf moralische Ideale beziehen können.

Es ist wichtig zu verstehen, dass Vertrauen im Grunde ein auf Gegenseitigkeit beruhendes Prinzip ist. Denn für das Gelingen von Vertrauensbeziehungen ist neben der Bereitschaft des Vertrauensgebers (z. B. des Kunden), in gewissem Maße Unsicherheit und Verwundbarkeit in Kauf zu nehmen, auch die Bereitschaft des Vertrauensnehmers (z. B. des Verkäufers) erforderlich, dies nicht zu seinem Vorteil und zum Schaden des Kunden auszunutzen. Viele Geschäftsbeziehungen könnten sonst nicht oder nur zu deutlich höheren Transaktionskosten stattfinden.[17]

Abbildung 4.1 stellt den Zusammenhang zwischen der Vertrauenswürdigkeit des Vertrauensnehmers und der Bereitschaft des Vertrauensgebers zu riskanten Vorleistungen dar. Beides sind wichtige Säulen für das Zustandekommen und die Erhaltung einer Vertrauensbeziehung.

Der bereits zuvor eingeführte Begriff des moralischen Risikos soll nun auf das Vertrauenskonzept übertragen werden. Moralische Risiken entstehen durch Inkonsistenzen zwischen Gewinn und Moral, beziehungsweise durch Zielkonflikte bei der Verfolgung eigener Interessen und der Berücksichtigung von Erwartungen anderer Akteure: „Enttäuschte Vertrauenserwartungen gehen zurück auf Diskrepanzen zwischen dem erwarteten und dem tatsächlichen Verhalten; wir sprechen im Weiteren auch von ,relevanten Inkonsistenzen'. " (Suchanek und Broock 2011, S. 9).

Da sowohl die Erfüllung als auch die Nichterfüllung moralischer Erwartungen Chancen und Risiken für zukünftige soziale und geschäftliche Beziehungen haben können, wurde

---

[17] Vgl. hierzu unter anderem Coase (1937), Williamson (1979), Grossman und Hart (1986), Kreps (1990) sowie Suchanek und Waldkirch (1999).

die Notwendigkeit eines risikobasierten Ansatzes zum Management von Inkonsistenzen abgeleitet. Vertrauensentscheidungen sind nun ebenfalls von dieser Ambivalenz betroffen, da die Entscheidung vertrauenswürdig zu handeln ebenso eine Abwägung zwischen Chancen und Risiken ist, wie die Entscheidung, Vertrauen zu geben. Vertrauensnehmer können einerseits von anderen Akteuren gegebenes Vertrauen ausbeuten. Andererseits begeben sie sich durch vertrauenswürdiges Verhalten selbst in eine verwundbare Situation gegenüber möglichen Wettbewerbern, indem sie beispielsweise höhere Kosten für die Selbstbindung an Regeln und gegebene Versprechen in Kauf nehmen. Aus der Sicht des Vertrauensnehmers besteht mithin das Risiko, dass vertrauenswürdiges Verhalten nicht zu den erhofften Kooperationsgewinnen, stattdessen aber zu Wettbewerbsnachteilen führt.

▶ Während der Vertrauensgeber also zwischen Chancen und Risiken des Verzichts auf Kontrolle abwägt, muss der Vertrauensnehmer zwischen Chancen und Risiken der Implementierung von Selbstbindungsstrategien unter Wettbewerbsbedingungen abwägen. Beides sind riskante Entscheidungen.

Abwägen zwischen Kulantz gegenüber dem Kunden und Wettbewerbsnachteilen

Handelsunternehmen, die sich bei Reklamationen oder Rückgaben besonders kulant zeigen, können gegenüber weniger kulanten Wettbewerbern schnell Umsatzeinbußen und Kostensteigerungen erfahren, sofern sich Kunden etwa beim nächsten Kauf ausschließlich am Preis orientieren. Die Erinnerungen an das Verhalten des Unternehmens in der Vergangenheit sind dann eventuell schon verblasst oder der Kunde hofft schlicht, dass es keinen Grund zur Reklamation geben wird und entscheidet sich deshalb für das preislich bessere Angebot.

Vertrauen zu geben beziehungsweise vertrauenswürdig zu handeln ist folglich nicht unter allen Umständen ratsam. Es gilt deshalb, Bedingungen zu schaffen, unter denen sich vertrauenswürdiges Verhalten lohnt. Dies ist insbesondere dann der Fall, wenn sie glaubhaft in eine wettbewerbsfähige Strategie eingebunden wird. Der Erfolg ist dabei einerseits von der Selbstbindungsfähigkeit des Vertrauensnehmers und andererseits von der Anreizkompatibilität der Vertrauenserwartungen des Vertrauensgebers abhängig.

Relevante Inkonsistenzen können also auf zwei grundlegende Ursachen zurückzuführen sein:

1. Probleme bei der *Formulierung von anreizkompatiblen Vertrauenserwartungen* durch den Vertrauensgeber,
2. Probleme bei der *glaubwürdigen Implementierung von Vertrauenswürdigkeit* durch den Vertrauensnehmer.

Sofern moralische Erwartungen (z. B. von Kunden, Mitarbeitern, Wählern, etc.) durch Unkenntnis über relevante Funktionszusammenhänge (beispielsweise Unkenntnis über den Wettbewerbsmechanismus, soziale oder ökologische Folgen bestimmter Herstellverfahren, etc.) entstehen, sind sie als Orientierungspunkte für Entscheidungsträger tendenziell weder hinreichend *stabil*, noch *verständlich* oder *funktional*.[18] Da ihre Erfüllung beziehungsweise Nichterfüllung dennoch Auswirkungen auf die Vertrauensbeziehung haben kann, sind sie jedoch potenziell sehr *relevant*.

▶ Übertragen auf das ökonomische Vertrauenskonzept sind moralische Risiken folglich zu verstehen als relevante Inkonsistenzen zwischen Vertrauenserwartungen des Vertrauensgebers und der wahrgenommenen Vertrauenswürdigkeit des Vertrauensnehmers, beziehungsweise dessen Handlungen im Rahmen seiner Wettbewerbsstrategie. Wichtige Risikofaktoren sind einerseits die Formulierung anreizkompatibler Vertrauenserwartungen durch den Vertrauensgeber und andererseits die Implementierung der eigenen Vertrauenswürdigkeit unter Wettbewerbsbedingungen.

Die Entscheidung, ob Vertrauen gegeben beziehungsweise vertrauenswürdig gehandelt werden soll, ist konsequenterweise nicht an feststehenden Orientierungspunkten auszurichten, sondern anhand eines Prozesses zu beantworten, der die damit jeweils verbundenen Chancen und Risiken für Kooperation und Wettbewerb identifiziert, entsprechend ihrer Relevanz bewertet, geeignete Maßnahmen selektiert, deren Kosten und Erfolg überwacht und die Ergebnisse kommuniziert. Bevor relevante Inkonsistenzen zwischen Vertrauenserwartungen und Wettbewerbsstrategie in einen Risikomanagementprozess eingebettet werden können, soll im folgenden Abschnitt zunächst die Struktur eines solchen Prozesses skizziert werden.

Literatur

Broock, M. von, & Suchanek, A. (2009). Investitionen in den Faktor Vertrauen. In Wittenberg-Zentrum für Globale Ethik e. V. (Hrsg.), Diskussionspapier Nr. 3.

Carrasco, I. (2010). Moral traits of Adam Smith's theories in corporate social responsibility evolution. In M. -A. Galindo & C. N. Spiller (Hrsg.), *Issues in economic thought* (S. 151–159). New York: Nova Science Publishers.

Coase, R. H. (1937). The nature of the firm. *Economica*, *4*(16), 386–405.

Costa, R., & Menichini, T. (2013). A multidimensional approach for CSR assessment: The importance of the stakeholder perception. *Expert Systems with Applications*, *40*(1), 150–161.

Das, T. K., & Teng, B. S. (1998). Between trust and control: Developing confidence in partner cooperation in alliances. *The Academy of Management Review*, *23*(3), 491–512.

Das, T. K., & Teng, B. S. (2001) Trust, control, and risk in strategic alliances: An integrated framework. *Organization Studies*, *22*(2), 251–283.

Dasgupta, P. (1990) Trust as a commodity. In D. Gambetta (Hrsg.), *Trust: Making and breaking cooperative relations* (S. 49–72). Oxford: Onlineausgabe.

---

[18] Siehe hierzu insbesondere Lin-Hi (2009).

Deutsch, M. (1962). Cooperation and trust: Some theoretical notes. In M. R. Jones (Hrsg.), *Nebraska symposium on motivation* (S. 275–320). Oxford.

Gambetta, D. (1988). Can we trust trust? In D. Gambetta (Hrsg.), *Trust: Making and breaking cooperative relations* (S. 213–237). Oxford: Onlineausgabe.

Grossman, S. J., & Hart, O. D. (1986). The costs and benefits of ownership: A theory of vertical and lateral integration. *Journal of Political Economy, 94*(4), 691–719.

Hayek, F. A. von (1952) Die Verwertung des Wissens in der Gesellschaft. In F. A. von Hayek (Hrsg.) *Individualismus und wirtschaftliche Ordnung* (S. 103–121). Zürich: Eugen Rentsch Verlag.

Hielscher, S. (2011). Morality as a factor of production: Moral commitments as strategic risk management. In I. Pies & P. Koslowski (Hrsg.), *Corporate citizenship and new governance* (S. 117–132).

Knight, F. (1921). *Risk, uncertainty and profit*. New York: Houghton Mifflin Co.

Kreps, D. M. (1990). Corporate culture and economic theory. In J. E. Alt & K. A. Shepsle (Hrsg.), *Perspectives on positive political economy* (S. 90–143). Cambridge.

Lin-Hi, N. (2009). *Eine Theorie der Unternehmensverantwortung: Die Verknüpfung von Gewinnerzielung und gesellschaftlichem Interesse*. Berlin: Erich Schmidt Verlag GmbH & Co.

Lin-Hi, N., & Suchanek, A. (2011) *Corporate Social Responsibility und die Nachhaltigkeit von Unternehmen: Implikationen des gesetzesartigen Charakters von Vertrauenswürdigkeit*. Mannheim: Unveröff. Ms.

Luhmann, N. (1968/2000). *Vertrauen – Ein Mechanismus der Reduktion sozialer Komplexität* (4. Aufl.). Stuttgart: Lucius und Lucius.

Macaulay, S. (1963). Non-contractual relations in business: A preliminary study. *American Sociological Review, 28*(1), 55–67.

Nooteboom, B. (1996). Trust, opportunism and governance: A process and control model. *Organization Studies, 17*(6), 985–1010.

North, D. C. (1990). *Institutions, institutional change, and economic performance*. Cambridge: Cambridge University Press.

North, D. C. (2005). *Understanding the process of economic change*. Princeton.

Parsons, T., & Shils, E. A. (1951). *Towards a general theory of action*. Cambridge: Harvard University Press.

Ripperger, T. (1998) *Ökonomik des Vertrauens: Analyse eines Organisationsprinzips* (2. Aufl.). Tübingen.

Schiel, C. (2014). Vertriebskultur versus Risikokultur. *Sales Management Review, 23*(2), 54–63.

Sen, S., & Bhattacharya, C. B. (2001). Does doing good always lead to doing better? Consumer reactions to corporate social responsibility. *Journal of Marketing Research, 38*(2), 225–243.

Suchanek, A. (2012). Vertrauen als Grundlage nachhaltiger unternehmerischer Wertschöpfung. In A. Schneider & R. Schmidpeter (Hrsg.), *Corporate social responsibility – Verantwortungsvolle Unternehmensführung in Theorie und Praxis* (S. 55–66). Berlin: Springer.

Suchanek, A., & Broock, M. von. (2011). Konzeptionelle Überlegungen zum Leitbild für verantwortliches Handeln in der Wirtschaft. In *Wittenberg-Zentrum für Globale Ethik* e. V. (Hrsg.), Diskussionspapier Nr. 2.

Suchanek A., & Kerscher, K. -J. (2009). *Der Homo oeconomicus: Verfehltes Menschenbild oder leistungsfähiges Analyseinstrument?* Leipzig: Unveröff. Ms.

Suchanek A., & Waldkirch, R. (1999). Das Konzept der offenen Verträge. In Diskussionsbeiträge der Katholischen Universität Eichstätt-Ingolstadt, Wirtschaftswissenschaftliche Fakultät Ingolstadt, Nr. 128.

Vanhamme, J., & Grobben, B. (2009). "Too good to be true!". The effectiveness of CSR history in countering negative publicity. *Journal of Business Ethics, 85*(2), 273–283.

Weiss, J. W. (2009). *Business ethics: A stakeholders and issues management approach* (5. Aufl.). Mason: South-Western Cengage Learning.

Williamson, O. E. (1979). Transaction-cost economics: The governance of contractual relations. *Journal of Law and Economics, 22*(2), 233–261.

Williamson, O. E. (1993). Transaction cost economics and organization theory. *Industrial and Corporate Change, 2*(2), 107–156.

Zand, D. E. (1972). Trust and managerial problem solving. *Administrative Science Quarterly, 17*(2), 229–239.

Zucker, L. G. (1986). Production of trust: Institutional sources of economic structure, 1840–1920. In B. M. Staw und L. L. Cummings (Hrsg.), *Research in organizational behavior* (8. Aufl., S. 53–111). Greenwich: JAI Press.

Vertrauen umfassend in die betriebliche Risiko Governance einbetten 5

5.1 Integrierte Risiko Governance

▶ In Abgrenzung zu anderen Ethik Management Ansätzen wird in diesem Buch das Ziel verfolgt, das Management von moralischen Risiken weitgehend in die klassischen und bewährten Risiko Governance Strukturen eines Unternehmens einzubetten und – soweit möglich – auf die Schaffung zusätzlicher Stabsfunktionen zu verzichten. Dies setzt jedoch zum einen eine Weiterentwicklung der in den bestehenden Risiko Governance Funktionen vorhandenen Kompetenzen und Früherkennungssystemen voraus (siehe hierzu auch Kap. 2). Zum anderen ist eine übergreifende Governance Struktur zur Integration der verschiedenen Risiko Governance Funktionen dringend erforderlich, um Zuständigkeitslücken oder Ineffizienzen durch Doppelstrukturen zu vermeiden.

Zu den klassischen Risiko Governance Funktionen gehören in vielen Unternehmen:

* Risikomanagement,
* Internes Kontrollsystem,
* Compliance Management,
* Interne Revision.

Alle genannten Risiko Governance Funktionen haben im betrieblichen Alltag letztlich die Aufgabe, die vom Vorstand entwickelte Risikostrategie für die einzelnen Mitarbeiter zu übersetzen und damit anwendbar zu machen. Hierzu stellen sie den Mitarbeitern Instrumente (bspw. Tools zur Risikoanalyse, Compliance Checklisten, etc.) und Expertise zur Verfügung. Gleichzeitig dienen sie als Kommunikationskanal zwischen operativem Risi-

© Springer-Verlag Berlin Heidelberg 2014
C. Schiel, *Management moralischer Risiken in Unternehmen,*
DOI 10.1007/978-3-642-41381-0_5

koeigner und dem Vorstand über die Risikolage des Unternehmens. Beispiele sind etwa die periodische Risikoerfassung des Risikomanagement, die ad-hoc Meldungen möglicher Compliance Issues aber auch die Durchführung von detaillierten Revisionsprüfungen.

Getrennte Zuständigkeiten
Die jeweiligen Aufgaben und Kernkompetenzen der genannten Risikofunktionen können für verschiedene Aspekte des Managements von moralischen Risiken bzw. im konkreten Falls für das Management der eigenen Vertrauenswürdigkeit, hilfreich sein.

Das betriebliche *Risikomanagement* kann beispielsweise als strategische Risiko Governance Funktion interpretiert werden, die dabei unterstützt:

- Vertrauenserwartungen verschiedenster Stakeholder an das Unternehmen zu identifizieren
- Identifizierte Vertrauenserwartungen in einen gemeinsamen Kontext mit dem Geschäftsmodell (zuvor auch Kooperationsstrategie genannt) und der Wettbewerbsstrategie des Unternehmens zu bringen
- Relevante Inkonsistenzen zwischen Vertrauenserwartungen und der Kooperations- und Wettbewerbsstrategie zu erfassen und zu bewerten
- Steuerungs-, Kontroll- und Monitoringinstrumente für die systematische Risikosteuerung zu selektieren.

Beispiel: Vertrieb von Finanzdienstleistungen

Viele Kunden Vertrauen darauf, von ihrer Bank professionelle und unabhängige Anlageberatung zu erhalten. Ein auf entsprechende Vertrauensrisiken ausgerichtetes Risikomanagement würde diesen Vertrauenserwartungen beispielsweise mit den bankinternen Anreizsystemen im Vertrieb in einen Kontext setzen und prüfen, ob hierbei relevante Inkonsistenzen existieren.

Das *Interne Kontrollsystem* kann in diesem Zusammenhang als prozessorientiertes Instrument zur Schaffung eines umfassenden Systems geeigneter Risikosteuerungs-, Kontroll- und Reportingmechanismen dienen. Auf diese Weise können Risiken entlang der gesamten Prozesslandschaft eines Unternehmens identifiziert und gesteuert werden.

Sofern Quellen für mögliche Inkonsistenzen identifiziert wurden, kann das *Compliance Management* beauftragt werden, geeignete interne Regeln zur Wahrung der eigenen Vertrauenswürdigkeit zu entwickeln und ihre Einhaltung zu überwachen. Es ist jedoch wichtig, dass nicht alle Risiken sinnvoll mit zusätzlichen Regeln reduziert werden können. Mitunter geht es eher um die Vermittlung eines besseren Verständnisses der Funktion von Regeln und damit um die Schaffung einer besseren Risiko- bzw. Compliance Kultur (siehe auch Abschn. 1.2.2).

Aufgabe der *Internen Revision* könnte schließlich sein, die Wirksamkeit der getroffenen Maßnahmen zum Aufbau und Erhalt der eigenen Vertrauenswürdigkeit durch gezielte und unabhängige Prüfungen zu überwachen, Empfehlungen auszusprechen und die Ergebnisse an den Vorstand und ggf. den Aufsichtsrat zu kommunizieren.

Integrierte Risiko Governance Bei der Organisation von Verantwortlichkeiten beim Umgang mit moralischen Risiken erscheint es wenig aussichtsreich, alle genannten Risiko Governance Funktionen organisatorisch und technisch zusammenzuführen. Dem steht insbesondere die je sehr unterschiedliche Perspektive auf Unternehmensrisiken und die entsprechend heterogenen Kompetenzen und Methoden entgegen.

Gleichzeitig sollte jedoch eine weitgehend integrierte Risiko Governance angestrebt werden, um:

- Lücken zwischen den Verantwortungsbereichen zu vermeiden,
- Ineffiziente Doppelstrukturen durch überlappende Zuständigkeiten zu vermeiden,
- Ein konsistentes Risikoreporting mit Blick auf die Gesamtrisikolage zu ermöglichen.

▶ Gute Risiko Governance basiert auf einer klaren Aufgabentrennung bei gleichzeitig enger funktionaler Koordination hinsichtlich Risikofelder, Methoden und Berichtswesen.

Abbildung 5.1 stellt ein Beispiel für ein Risiko Governance System dar, bei dem die Risikofunktionen zwischen Vorstand und operativem Risikoeigner vermitteln.

5.2 Risikomanagement von Vertrauen mit dem COSO Rahmenwerk

5.2.1 Der COSO Standard für Risikomanagement Systeme

Das erklärte Ziel von COSO ist die Entwicklung von „comprehensive frameworks and guidance on enterprise risk management, internal control and fraud" um effektive, effiziente und ethische Geschäftsabläufe zu ermöglichen (Beasley et al. 2010, S. I).

COSO Das Committee of Sponsoring Organizations of the Treadway Commission (COSO) ist eine von zahlreichen privaten Initiativen, die in verschiedenen Ländern eine Standardisierung von Kontrollsystemen und Risikomanagementsystemen vorantreiben.[1]

---

[1] Eine Übersicht weiterer Stanbdards bieten beispielsweise Winter (2007) oder Brühwiler und Romeike (2010).

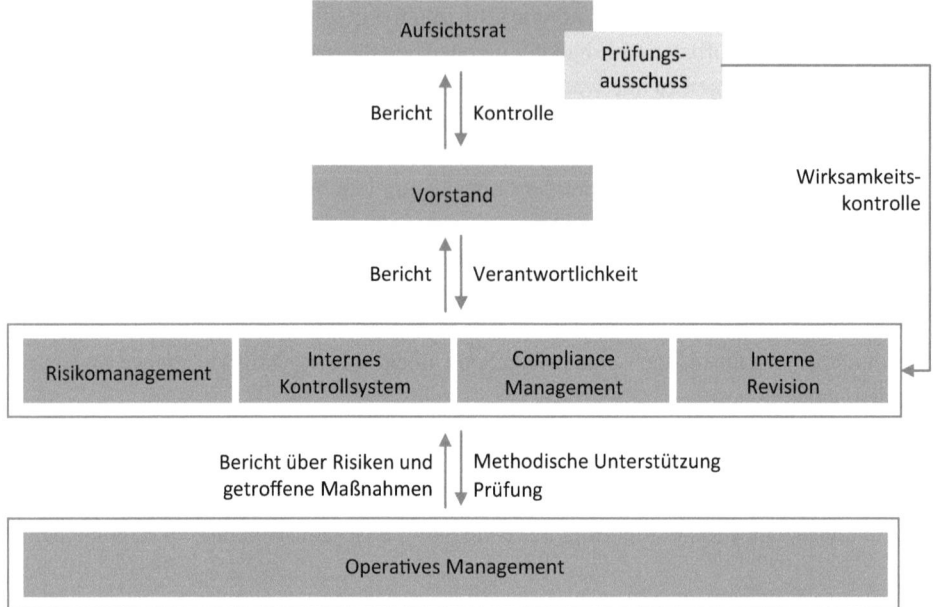

Abb. 5.1 Beispiel für ein Risiko Governance System

Die in diesen Standards beschriebenen Normen sollen die Anforderungen der jeweiligen nationalen Gesetzgebung für einzelne Branchen und Organisationsformen konkretisieren.

Das Rahmenwerk greift auf drei analytischen Dimensionen die zentralen Governanceaspekte von Unternehmen auf:

1. Unternehmensziele
2. Aufbau- und Ablauforganisation
3. Kontroll- und Risikomanagementstrukturen

Abbildung 5.2 stellt diese Dimensionen in der Form eines Würfels graphisch dar. Ausgehend von den *Zielen* eines Unternehmens, abgebildet auf der oberen Fläche, befasst es sich mit der zur Erreichung dieser Ziele notwendigen *Aufbau- und Ablauforganisation*, abgebildet auf der rechten Seitenfläche, und letztlich mit den darin zu implementierenden *Kontroll- und Risikomanagementstrukturen,* abgebildet auf der Vorderseite des Würfels.

Aufgrund seiner prozessorientierten Gestaltung sowie aufgrund seiner internationalen Beachtung ist das COSO Rahmenwerk ein guter methodischer Ausgangspunkt, um auch die bislang noch fehlende Konkretisierung für das Management moralischer Risiken zu erarbeiten.

Auch wenn im Rahmen der Gesetzgebung, wie im Falle des Sarbanes Oxsey Act (SOA), mitunter Bezug auf Standards (bspw. COSO) genommen wird, sind diese zunächst rechtlich unverbindlich.

Abb. 5.2 COSO ERM
Rahmenwerk

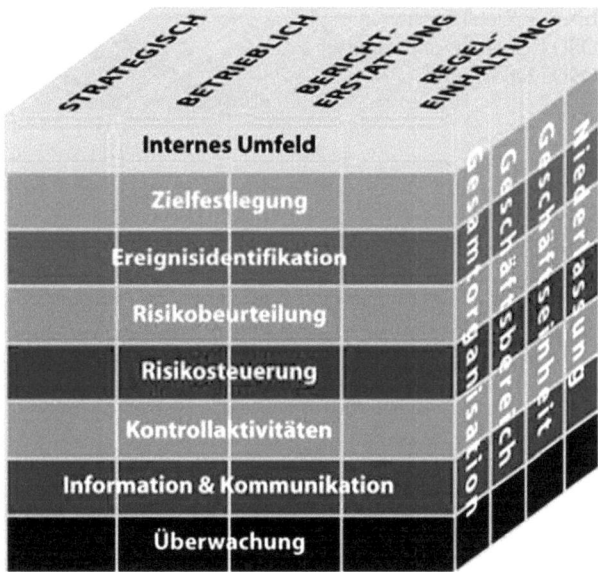

Sie stellen die kollektive Erfahrung verschiedener Akteure beim Versuch der Erreichung eines be-
stimmten Ziels sowie den Versuch der Erarbeitung eines allgemein akzeptierten Lösungsweges dar:
„Put at its simplest, a standard is an agreed, repeatable way of doing something." (British Standard
Institution 2012).

5.2.2 Integration von Vertrauen in das COSO Rahmenwerk

▶   Die zu entwickelnden Leitlinien für moralisches Risikomanagement sollen auf
      dem COSO ERM Rahmenwerk basieren. Hierfür soll das Vertrauenskonzept auf
      die drei genannten analytischen Dimensionen des COSO Modells, Unterneh-
      mensziele, Organisation und Risikomanagementprozess, übertragen werden.
      Moralisches Risikomanagement bezieht sich dann auf den Umgang eines Un-
      ternehmens mit Chancen und Risiken durch beziehungsweise für die eigene
      Vertrauenswürdigkeit.

5.2.2.1 Unternehmensziele

COSO als „Rahmenwerk für unternehmensweites Risikomanagement ist darauf ausgerichtet, die Ziele einer Organisation zu erreichen" (COSO 2004, S. 3). Als solche werden
genannt i) strategische Ziele mit Bezug zur Mission des Unternehmens, ii) betriebliche
Ziele hinsichtlich der Effektivität und Effizienz des Ressourceneinsatzes, iii) Ziele hinsichtlich der Vollständigkeit und Qualität der Finanzberichterstattung und iv) Ziele hinsichtlich
der Einhaltung von Gesetzen und Vorschriften. Abbildung 5.3 zeigt die genannten Ziele
innerhalb des COSO Modells.

Abb. 5.3 Zieldimension in
COSO [Grafik in Anlehnung an
COSO (2004, S. 5).]

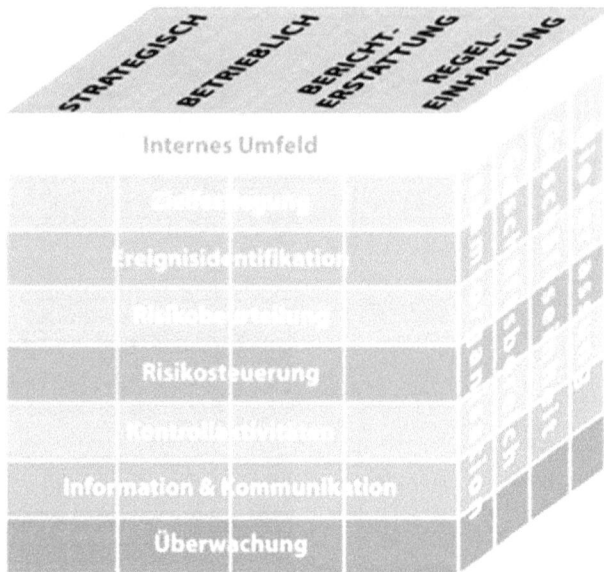

Die beschriebenen Ziele können so verstanden werden, dass sie den Wunsch nach
gelingenden Kooperationsbeziehungen des Unternehmens mit verschiedenen Interaktionspartnern (z. B. Kunden, Mitarbeitern, Regulierungsbehörden) zum Ausdruck bringen.

- *Strategische Ziele*, verstanden als „übergeordnete Ziele, die mit der Mission abgestimmt
  sind und diese unterstützen" (COSO 2004, S. 3) sind auf die Erfüllung eines bestimmten
  Unternehmenszwecks ausgerichtet und definieren den angestrebten Wertbeitrag eines
  Unternehmens gegenüber der Gesellschaft. Sie bringen die angedachte Beziehung eines
  Unternehmens zu anderen Gesellschaftsmitgliedern zum Ausdruck, sodass die Ker-
  naktivitäten auf die Erzielung eines gesellschaftlichen Nutzens ausgerichtet werden
  können.
- *Betriebliche Ziele* konkretisieren dies, etwa hinsichtlich der Qualität zu erbringender
  Leistungen für Kunden oder hinsichtlich der Effizienz der Verwendung von Ressourcen,
  die von Kapitalgebern bereitgestellt wurden.
- Das *Ziel der Einhaltung von Gesetzen* und Vorschriften kann dahingehend interpretiert
  werden, dass die strategischen und betrieblichen Ziele auf eine Weise zu verwirklichen
  sind, die für andere Gesellschaftsmitglieder prinzipiell zustimmungsfähig ist.[2] Die angestrebten Kooperationsbeziehungen sind mithin so zu gestalten, dass Vorteile für alle
  Beteiligten entstehen, ohne zugleich negative Auswirkungen für unbeteiligte Dritte zu

---

[2] Zur Idee der prinzipiellen Konsensfähigkeit einer Handlung als Fiktion eines hypothetischen
Konsens siehe insbesondere Homann und Suchanek (2005, S. 167).

Abb. 5.4 Unternehmensorga-
nisation nach COSO [Grafik in
Anlehnung an COSO (2004,
S. 5).]

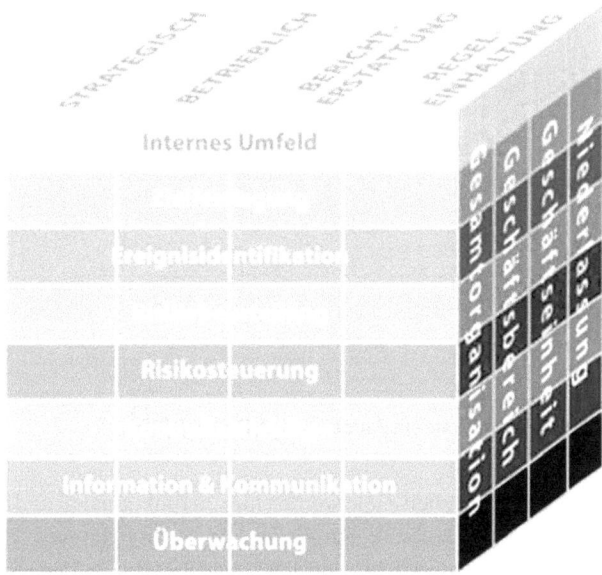

verursachen.[3] Die Einhaltung von Regeln und gegebenen (z. B. Qualitäts-) Versprechen
ist hierfür eine zentrale Voraussetzung.

- Die *Ziele der Vollständigkeit und Qualität der Finanzberichterstattung* stellen eine Spe-
zifizierung dessen in Bezug auf das Verhalten am Kapitalmarkt beziehungsweise im
Umgang mit den dort handelnden Akteuren dar.[4]

▶ Die im COSO Rahmenwerk beschriebenen Dimensionen für Unternehmensziele können in ihrer Gesamtheit interpretiert werden als Forderung nach
gelingender gesellschaftlicher Kooperation zum Vorteil aller Beteiligten unter
Vermeidung der Schlechterstellung unbeteiligter Dritter.

5.2.2.2 Aufbau- und Ablauforganisation

Die Übertragung der Unternehmensziele auf konkrete Organisationsstrukturen und betriebliche Prozesse geschieht im COSO ERM Rahmenwerk auf der rechten Seitenfläche
des Würfels (siehe Abb. 5.4).

---

[3] Dies setzt voraus, dass eine originäre Wertschöpfung stattfindet und nicht lediglich unter
Ausnutzung von Informationsasymmetrien eine Nutzenverschiebung stattfindet.

[4] Die gesonderte Betonung der Finanzberichterstattung ist wohl auf die Zusammensetzung des CO-
SO Gremiums aus Organisationen des Rechnungswesens und der Wirtschaftsprüfung sowie auf die
Bedeutung der Finanzberichterstattung für die Funktionalität von Kapitalmärkten zurückzuführen.
Zur Bedeutung der Finanzberichterstattung für die Funktionalität von Kapitalmärkten siehe unter
anderem Healy und Palepu (2001) und Lambert et al. (2007).

Abb. 5.5 Wertkette (in Anlehnung an Porter 1985)

Die strategischen Ziele werden hier zu funktionalen und regionalen Verantwortlichkeiten und Arbeitsabläufen konkretisiert. In Bezug auf das Ziel der Schaffung und Erhaltung von Vertrauen bedeutet dies, dass die eigene Vertrauenswürdigkeit durch geeignete Prozessgestaltung und -kontrolle in die Aufbau- und Ablauforganisation zu überführen ist.

Das Management der eigenen Vertrauenswürdigkeit ist in diesem Sinne als *Gestaltungsaufgabe* für Unternehmen zu verstehen. Sie soll „die Konsistenz von Kommunikation und Handeln hinsichtlich des Umgangs des Unternehmens mit gesellschaftlichen Vertrauenserwartungen unter den Bedingungen des Alltags nachhaltig sicherstellen" (Schiel 2013, S. 271). Ein methodischer Ausgangspunkt hierfür ist die bei Porter (1985, S. 36) beschriebene Wertkettenanalyse: „Every firm is a collection of activities that are performed to design, produce, market, deliver, and support its product."

Abbildung 5.5 illustriert die Wertkette nach Porter.

Die Wertkettenanalyse macht transparent, welche Aktivitäten das Unternehmen durchführt. Hieraus kann im nächsten Schritt abgeleitet werden, mit welchen relevanten Akteuren das Unternehmen dabei (freiwillig oder notwendigerweise) interagiert. Im Bereich der Eingangslogistik sind dies beispielsweise Zulieferer, während die Marketing & Sales Aktivitäten eher auf die Interaktion mit Kunden fokussiert sind. Schließlich kann für alle auf diese Weise identifizierten Akteure oder Gruppen analysiert werden, welche Bedeutung Vertrauensbeziehungen für erfolgreiche Beziehungen mit ihnen haben.

1. Auflistung wesentlicher Prozesse und Aktivitäten des Unternehmens
2. Identifikation wichtiger Partner und unbeteiligter Dritter je Prozess
3. Analyse der Bedeutung von Vertrauensbeziehungen zu den identifizierten Akteuren

Weiterhin dient die Wertkettenanalyse der Identifikation von Wettbewerbsvorteilen gegenüber anderen Unternehmen derselben Branche.[5] Die eigene Vertrauenswürdigkeit kann

---

[5] Vgl. beispielsweise Porter (2001, S. 50): „A systematic way of examining all activities a firm performs and how they interact is necessary for analysing the sources of competitive advantage."

Abb. 5.6 Risikomanagement
nach COSO [Grafik in
Anlehnung an COSO (2004,
S. 5).]

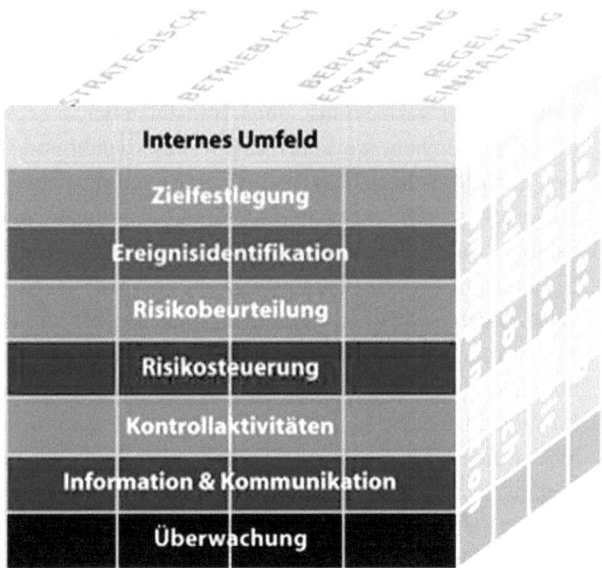

eine solche Quelle von Wettbewerbsvorteilen sein, wenn sie umfassend und nachhaltig in die Geschäftsprozesse eines Unternehmens implementiert ist. Der Aufbau von Vertrauenswürdigkeit als Kernkompetenz dient dann der Positionierung und Differenzierung eines Unternehmens als vertrauenswürdiger Kooperationspartner am Markt.

5.2.2.3 Risikomanagementprozess

▶ Ein Nachweis (*auch Verifikation*) der eigenen Vertrauenswürdigkeit kann nicht glaubwürdig durch bestimmte symbolische Handlungen (bspw. Spenden für gute Zwecke) erbracht werden. Stattdessen gilt es, ihre Widerlegung (auch Falsifikation) im alltäglichen Verhalten kontinuierlich zu vermeiden (Suchanek 2012a; Schiel 2013). Der Gegenstand moralischen Risikomanagements kann deshalb letztlich nicht die Erreichung und Bewahrung eines bestimmten *Zustands des Vertrauens*, sondern nur ein fortlaufender *risikoorientierter Prozess des Managements der eigenen Vertrauenswürdigkeit* sein.

Das COSO ERM Rahmenwerk beschreibt Risikomanagement als Kreislaufprozess, bestehend aus mehreren aufeinander folgenden Schritten bzw. Komponenten (s. Abb. 5.6).

1. Der erste Schritt und zugleich grundlegende Voraussetzung für einen sinnvollen Risikomanagementprozess ist die Vorgabe einer Philosophie zum Umgang mit Risiken. Hieraus kann sich in der Folge eine Risikokultur, also ein *gemeinsames Verständnis* über die Risikobereitschaft des Unternehmens angesichts empirischer Gegebenheiten,

entwickeln. Die Risikobereitschaft bezieht sich letztlich auf den Umgang des Unternehmens mit Ereignissen, die Einfluss auf die zuvor festgelegten strategischen Ziele haben können. Hieraus werden spezielle Ziele für das Risikomanagement, beispielsweise hinsichtlich ihrer Vermeidung, ihres Transfers oder ihrer Akzeptanz festgelegt. Im COSO ERM Rahmenwerk wird dies als *internes Umfeld* und als *Zielfestlegung* bezeichnet.

2. Der nächste Schritt des Risikomanagementprozesses ist die *Ereignisidentifikation*. Entsprechend den definierten Unternehmenszielen sollen hierbei interne und externe Faktoren und Ereignisse identifiziert werden, die Einfluss auf die Zielerreichung haben können. Zu erfassen sind sowohl positive als auch negative Einflüsse. Hier sind insbesondere solche Ereignisse von Interesse, die zu Inkonsistenzen zwischen Vertrauenserwartungen und der wahrgenommenen Vertrauenswürdigkeit eines Unternehmens führen können.

3. Im folgenden Schritt, der *Risikobeurteilung*, sind die identifizierten Einflussfaktoren hinsichtlich ihrer Eintrittswahrscheinlichkeit und des möglichen Ausmaßes ihrer Auswirkungen auf die Zielerreichung des Unternehmens zu beurteilen und, falls möglich, in messbare Größen zu überführen.[6] In Bezug auf Vertrauen ist das Ergebnis dieses Schrittes die Bestimmung der Relevanz identifizierter Inkonsistenzen für den Fortbestand einer Vertrauensbeziehung.

4. Nachdem ein hinreichendes qualitatives und quantitatives Verständnis der identifizierten Ereignisse erarbeitet und relevante Inkonsistenzen im Hinblick auf Vertrauensbeziehungen beschrieben wurden, ist im Rahmen der *Risikosteuerung* über geeignete Managementinstrumente zu befinden. Mit Hilfe dieser Instrumente können relevante Inkonsistenzen entsprechend der Risikoneigung des Unternehmens reduziert, vermieden oder bewusst akzeptiert werden.[7]

5. Im folgenden Schritt sind *Kontrollaktivitäten* zu etablieren, welche die Wirksamkeit der getroffenen Maßnahmen anhand geeigneter Kontrollverfahren und Routinen sicherstellen. Für das Management von Vertrauensbeziehungen bedeutet dies die fortlaufende Überwachung der Konsistenz der eigenen Handlungen mit externen Vertrauenserwartungen sowie der Reaktion verschiedener Kooperationspartner auf wahrgenommene Inkonsistenzen und getroffene Maßnahmen.

6. *Information und Kommunikation* über identifizierte und als relevant bewertete Inkonsistenzen sowie über den Erfolg der getroffenen Maßnahmen ist ein weiterer wichtiger Aspekt des Risikomanagements. Innerhalb eines Unternehmens dient dieser Kommunikationsprozess zur besseren Koordination von Unternehmenshandlungen im Spannungsfeld von Vertrauenserwartungen und empirischen Wettbewerbsbedingungen.

---

[6] Die Methoden zur Messung von Chancen und Risiken sind insbesondere für finanzielle Risiken sehr ausgereift. Operationale Risiken, zu denen auch die hier diskutierten Kooperations- und Wettbewerbsrisiken zählen, sind in vielen Fällen nicht oder nur schwer zu quantifizieren. Dennoch ist es in der Regel möglich, sie auf einer ordinalen Skala zu priorisieren.

[7] Eine Übersicht über Risikosteuerungsinstrumente bieten beispielsweise Harrington und Niehaus (2003, S. 9–12).

In der externen Kommunikation des Unternehmens mit direkten Interaktionspartnern und der Öffentlichkeit kann eine offene Kommunikation über den Umgang mit Inkonsistenzen, dabei verwendete Maßnahmen und erzielte Erfolge ebenfalls die Wahrnehmung der eigenen Vertrauenswürdigkeit beeinflussen.[8]

7. Nicht nur die einzelnen Maßnahmen, sondern der Risikomanagementprozess in seiner Gesamtheit ist ebenfalls Gegenstand von *Überwachung* durch geeignete Kontrollprozesse. Hierdurch kann der Bezug des Risikomanagementprozesses zu den Unternehmenszielen und zur Unternehmensorganisation hinterfragt und fortlaufend den Entwicklungen angepasst werden.

Risikomanagement des Vermögenswertes Vertrauen

Risikomanagement von Vertrauen befasst sich mit der Identifikation, Bewertung, Steuerung und Überwachung von relevanten Inkonsistenzen zwischen *Vertrauenserwartungen* verschiedener gesellschaftlicher Akteure und Gruppen an das Unternehmen und seiner unter Wettbewerbsbedingungen sicherzustellenden *Vertrauenswürdigkeit* sowie mit der Kommunikation der dabei erzielten Ergebnisse.

5.3   Operatives Risikomanagement von Vertrauensbeziehungen im COSO Rahmenwerk

5.3.1   Strategie und Ziele des Risikomanagements von Vertrauen

▶   Der Begriff des Risikos wurde zuvor in Anlehnung an den Standard ISO 31000:2009 definiert als Auswirkungen von Unsicherheit auf die Erreichbarkeit von Zielen. Obwohl die Ziele von Unternehmen üblicherweise verschiedene finanzielle, operative und andere Dimensionen aufweisen, sollen hier insbesondere *Ziele hinsichtlich der Gestaltung von Kooperationsbeziehungen* des Unternehmens mit verschiedenen potenziellen Interaktionspartnern, beispielsweise Kunden, Mitarbeiter, Lieferanten oder staatliche Aufsichtsbehörden, im Fokus stehen. Die Erreichbarkeit dieser Kooperationsziele unter den empirischen Bedingungen des Wettbewerbs und der Unsicherheit sollten Gegenstand eines Prozesses zum Management moralischer Risiken sein.

---

[8] Die externe Kommunikation über Risiken und Risikomanagement ist allerdings nicht selten eine heikle Angelegenheit, da sich Unternehmen tendenziell in eine angreifbare Position begeben und dadurch selbst zum Vertrauensgeber gegenüber ihren Partner, Wettbewerbern und der Öffentlichkeit werden.

Der Ausgangspunkt eines Risikomanagementprozesses ist die Definition einer Risikostrategie durch die Unternehmensführung sowie deren Kommunikation an die Unternehmensmitglieder zur Schaffung eines gemeinsamen Risikoverständnisses. Während die
Formulierung der Risikostrategie Aufgabe der Unternehmensleitung ist, findet das operative Management von Risiken im Alltag zumeist auf tieferen Hierarchieebenen statt.[9] Aus
der Risikostrategie sind deshalb operationalisierbare Ziele für den Umgang mit bestimmten
Risiken durch die verantwortlichen Risikoeigner abzuleiten und für die Anwendung in den
betrieblichen Geschäftsprozessen zu konkretisieren.

Der Risikomanagementansatz fokussiert wie beschrieben auf a) Kooperationsziele und
b) Wettbewerbsziele:

a. Die Risikostrategie sollte zunächst eine Vorstellung der Unternehmensführung hinsichtlich notwendiger oder anzustrebender Kooperationsbeziehungen des Unternehmens
   beinhalten. Dies umfasst üblicherweise die Definition bestimmter Zielgruppen von
   Konsumenten, die Festlegung eines Bedarfs an speziell qualifizierten Mitarbeitern, die
   Identifikation relevanter Regulierungs- und Aufsichtsbehörden oder die Auswahl quali-
   fizierter und verlässlicher Lieferanten.[10] Weiterhin ist für jede identifizierte Gruppe von
   Kooperationspartnern eine Kooperationsstrategie zu definieren, welche auf das nachhaltige Gelingen der Kooperationsbeziehung zum Vorteil aller Beteiligten ausgerichtet
   ist und zugleich die Schlechterstellung unbeteiligter Dritter vermeidet.[11]
b. Sofern Wettbewerb mit anderen Unternehmen um die angestrebten Kooperationsbeziehungen besteht (bspw. Wettbewerb um die gleichen Kunden oder um die gleichen
   Fachkräfte), sind in einem zweiten Schritt die Grundlinien einer geeigneten Wettbewerbsstrategie zu skizzieren. Das Ziel ist es hierbei, die eigene Kooperationsstrategie
   wettbewerbsfähig zu gestalten.

Im Rahmen der Risikoanalyse ist dann zu prüfen, ob die definierte Wettbewerbsstrategie
möglicherweise auf der Schädigung von Geschäftspartnern (etwa Verdeckung von Qualitätsmängeln durch Ausnutzung von Informationsasymmetrien) oder anderen Akteuren
(bspw. Kostenvorteile durch Kinderarbeit oder schlechte Sicherheitsstandards) basiert.

---

[9] Zur Organisation von Risikomanagementaktivitäten in Unternehmen siehe auch Wolke
(2008, S. 241 f.).

[10] Neben jenen Interaktionsbeziehungen, die vom Unternehmen aktiv angestrebt werden, sind auch
solche Interaktionsbeziehungen zu berücksichtigen, die sich notwendigerweise aus dessen Geschäftstätigkeit ergeben. Dazu zählen beispielsweise die bereits genannten Beziehungen zu staatlichen
Aufsichts- und Regulierungsbehörden, aber auch zu Nichtregierungsorganisationen, Anwohnern und
anderen Akteuren, die von der Existenz und den Handlungen eines Unternehmens positiv oder negativ
betroffen sein können.

[11] Beispiele für solche Kooperationsstrategien können verschiedenste Arten von Geschäftsmo-
dellen sein, etwa die Produktion und der Vertrieb von Konsumgütern, die Erbringung von
Beratungsdienstleistungen oder auch die Erforschung von Arzneimitteln.

Risiken sind insbesondere dann zu erwarten, wenn eine zeitliche Differenz zwischen der Leistung eines Kooperationspartners und der Gegenleistung des anderen Kooperationspartners liegt oder Informationsasymmetrien die wechselseitige Verhaltensbeobachtung erschweren.

▶   Sofern für ein Unternehmen *Anreize zu opportunistischem Verhalten* gegenüber seinem Geschäftspartner (z. B. durch Vertuschung von Qualitätsmängeln gegenüber Kunden) beziehungsweise *Anreize zur Erzielung von Gewinnen zu Lasten indirekt beteiligter Dritter* (z. B. durch Kinderarbeit) bestehen, sind die entsprechenden Beziehungen in einen Vertrauenskontext eingebettet. Vertrauenserwartungen bezieht sich dann konkret darauf, dass Unternehmen den beschriebenen Anreizen nicht folgen, sondern andere Strategien zur Erzielung nachhaltiger Gewinne unter Wettbewerbsbedingungen identifizieren.

Die Vertrauenswürdigkeit eines Unternehmens ist folglich für das nachhaltige Gelingen der von ihm angestrebten Kooperationsbeziehungen von großer Bedeutung. Konkret bedeutet dies, dass eine nachhaltige *Strategie zum Umgang mit Vertrauenserwartungen unter Wettbewerbsbedingungen* zu entwickeln und zu implementieren ist. Nachfolgend werden die zuvor genannten Schritte zusammengefasst dargestellt:

1. **Kooperationsstrategie entwickeln**
   Relevante Kooperationspartner identifizieren und Strategie für gelingende Kooperation zum Vorteil aller Beteiligten unter Vermeidung der Schlechterstellung unbeteiligter Dritter entwickeln
2. **Wettbewerbsfähigkeit der Kooperationsstrategie sicherstellen**
   Auswirkungen von Wettbewerb auf die nachhaltige Erzielbarkeit von Anbieterrenten analysieren und geeignete Maßnahmen zur Sicherung der Wettbewerbsfähigkeit der eigenen Kooperationsstrategie treffen
3. **Ziele für das Risikomanagement ableiten**
   Vertrauenserwartungen direkter Kooperationspartner (sowie indirekt beteiligter Dritter) analysieren und mögliche Inkonsistenzen zwischen diesen Vertrauenserwartungen und der gewählten Wettbewerbsstrategie identifizieren, bewerten, steuern, überwachen und Ergebnisse kommunizieren

5.3.2   Identifikation von Inkonsistenzen

▶   Der operative Risikomanagementprozess, verstanden als permanenter Kreislauf verschiedener Risikomanagementaktivitäten, beginnt mit der Einrichtung eines Systems zur Früherkennung von Inkonsistenzen zwischen Vertrauenserwartungen und der im Zusammenhang mit der Wettbewerbsstrategie wahrgenommenen Vertrauenswürdigkeit.[12]

Für Hauff (2009, S. 12) umfasst das *Konzept der Früherkennung* „alle systematischen Aktionen der Wahrnehmung, Erfassung, Analyse und Weiterleitung von Informationen über den Anwendungszweck betreffende Veränderungen sowie den damit implizierten Chancen oder Gefährdungen zu einem Zeitpunkt, in dem noch hinreichend Zeit zur Konzeption von Reaktionsstrategien und Durchführung entsprechender Maßnahmen zur Verfügung steht."[13] Ein *Früherkennungssystem* kann in diesem Sinne als „strukturiertes, integriertes und zugleich flexibles Beobachtungs-, Analyse- und Kommunikationssystem" (Loew 1999, S. 23) zum Zwecke der Früherkennung verstanden werden. Der möglichst weit in die Zukunft reichende Prognosehorizont soll insbesondere die Erkennung *strategischer* Chancen und Risiken ermöglichen, die für die hier behandelte Problemstellung von besonderer Relevanz sind. Ansoff (1976) erklärt die strategische Dimension von Chancen und Risiken anhand des notwendigen zeitlichen Vorlaufs zwischen Entscheidung und Implementierung einer Maßnahme in einem von Unsicherheit geprägten Kontext: „Acting now implies taking risks on imperfect knowledge; waiting courts the danger of being late in important decisions that have long lead times" (Ansoff 1976, S. 23). Der Aufbau und Erhalt von Vertrauensbeziehungen sollte folglich aufgrund des hierfür notwendigen Zeithorizonts Gegenstand eines strategischen Früherkennungssystems sein.[14] Je kürzer der Prognosezeitraum, desto mehr bekommt das Risikomanagement von Vertrauen den Charakter eines Issues Managements oder gar der Krisenreaktion.[15]

Die Literatur verweist im Zusammenhang mit strategischer Früherkennung häufig auf sogenannte *schwache Signale*: „The first task is to explore the range of weak signals that can be typically expected from a strategic discontinuity." (Ansoff 1976, S. 23). Gemäß Hauff (2009, S. 20) zeichnen sich schwache Signale „insbesondere dadurch aus, dass sie

---

[12] Die Notwendigkeit zur Einrichtung eines Risikofrüherkennungssystems wird auch in § 91 Abs. 2 AktG aufgegriffen: „Der Vorstand hat geeignete Maßnahmen zu treffen, insbesondere ein Überwachungssystem einzurichten, damit den Fortbestand der Gesellschaft gefährdende Entwicklungen früh erkannt werden."

[13] Vgl. hierzu auch Krystek (1990, S. 68) sowie Loew (1999, S. 23). Durch die Betonung von Chancen und Risiken unterscheidet sich das Konzept der Früherkennung vom Konzept der Frühwarnung, welches im Wesentlichen auf negative Entwicklungen ausgerichtet ist. Siehe hierzu auch Hauff (2009, S. 8 f.).

[14] Da Vertrauen jedoch durch einzelne Handlungen in kürzester Zeit zerstört werden kann, ist das Risikomanagement von Vertrauen immer auch durch operative Maßnahmen zu konkretisieren. Siehe hierzu auch Schiel (2013). Operative Maßnahmen zum Aufbau und Erhalt von Vertrauen finden jedoch stets in einem durch strategische Entscheidungen gesetzten Rahmen statt.

[15] Siehe hierzu insbesondere Jaques (2007). Ansoff (1976, S. 22) beschreibt in diesem Sinne zwei mögliche Managementansätze für den Umgang mit strategischer Unsicherheit: „The first is to develop a capability for effective crisis management [. . .] The second approach is to treat the problem before the fact and thereby minimize the probability of strategic surprises – to prepare in such a way that a strategic discontinuity loses its suddenness, urgency, and unfamiliarity."

vergleichsweise unstrukturierte Informationen darstellen, deren Aussagewert stark begrenzt ist. [...] [Sie betreffen] oft schleichende Veränderungen, sind überwiegend intuitiver und qualitativer Natur und erlauben keine eindeutigen Schlussfolgerungen."

In Bezug auf Vertrauen sollen schwache Signale insbesondere analysiert werden hinsichtlich:

1. Veränderungen der Vertrauenserwartungen einzelner Akteure,
2. Veränderungen im Wettbewerbsumfeld des Unternehmens.

Der erste Punkt betrifft im Wesentlichen Fragen der *Orientierung* von Unternehmen im Hinblick auf an sie explizit oder implizit adressierte Vertrauenserwartungen und daraus resultierende Kooperationschancen und risiken. Der zweite Punkt betrifft indes eher Fragen der *Implementierung* von geeigneten Maßnahmen zur Sicherstellung der eigenen Vertrauenswürdigkeit unter Wettbewerbsbedingungen und damit einhergehende Wettbewerbschancen und risiken.[16]

Orientierung

Ein grundlegendes Vertsändnis über Erwartungen anderer Akteure an das eigene Handeln sowie über mögliche Folgen im Zusammenhang mit der Erfüllung oder Nichterfüllung dieser Erwartungen stellt eine Grundvoraussetzung für einen effektiven Risikomanagementprozess dar: „Thus, skillful legitimacy management requires [...] a discriminating awareness of which situations merit which responses." (Suchman 1995, S. 586).

Erwartungen aus dem Umfeld erkennen mit dem 360° Stakeholder Feedback

Als Instrument zur Identifikation entsprechender Signale aus dem Unternehmensumfeld diskutieren Wulf et al. (2010) das *360° Stakeholder Feedback*. Ihre Argumentation basiert auf der Beobachtung, dass die Identifikation, Verarbeitung und interne Kommunikation von Signalen für viele Unternehmen eine enorme Herausforderung darstellt: „Companies find it demanding to identify and include basic signals about future developments and challenges in their existing, often static strategic planning processes." (Wulf et al. 2010, S. 2). Die Autoren schlagen vor, eine Liste von Faktoren, die den Unternehmenserfolg potenziell beeinträchtigen können, zu erstellen und systematisch das Feedback verschiedener Akteure innerhalb und außerhalb des Unternehmens zur Wahrnehmung der Bedeutung dieser Faktoren und zum wahrgenommenen Umgang des Unternehmens mit ihnen einzuholen.

---

[16] Vgl. hierzu auch Suchanek und Broock (2011, S. 4): „Ursache für Vertrauensverluste sind Diskrepanzen zwischen Vertrauenserwartungen und wahrgenommenem Handeln. Das Problem liegt in einem (fehlenden) gemeinsamen Verständnis im Hinblick auf legitime Vertrauenserwartungen der Gesellschaft einerseits, die Handlungsbedingungen im Wirtschaftsalltag andererseits und die angemessene Berücksichtigung beider Ebenen in unternehmerischen Entscheidungen."

Für die Identifikation von Erwartungen verschiedener Akteure im Unternehmensumfeld und die Antizipation möglicher Spannungs- und Konfliktfelder gewinnen neben den klassischen Medien zunehmend auch die sogenannten sozialen Medien an Bedeutung: „The ambient publicity, for example, has value to leaders [. . .] when trying to identify factors characterizing the changing business environment." Aula (2010, S. 43). Die Herausforderung liegt hier in der angemessenen Nutzung sozialer Medien durch die Unternehmen sowie im Umgang mit den dabei erhaltenen Erkenntnissen.

Stärker noch als die situations- und akteursspezifische Identifikation von Inkonsistenzen im Rahmen der Einholung von Feedback oder der Beobachtung von Inhalten sozialer Medien ist hier insbesondere die Strukturanalyse von großer Bedeutung. Die Antizipation relevanter Vertrauenserwartungen und die Suche nach Signalen für deren Veränderung im Zeitverlauf sollten dementsprechend bei den grundsätzlichen Voraussetzungen für die wechselseitige Zustimmung zu individuellem Handeln beginnen.

▶   Das *Konsenskriterium* wird zur Beurteilung der Zustimmungsfähigkeit individu-
    eller Handlungen insbesondere bei Wicksell (1896) und Buchanan (1975/1984)
    diskutiert.[17] Hierbei geht es nicht um die faktische Einholung der Zustim-
    mung aller betroffenen Akteure zu einer konkreten Handlungsabsicht, son-
    dern vielmehr um die Fiktion eines „hypothetischen Konsens" (Homann und
    Suchanek 2005, S. 167) als Orientierungshilfe für die Frage der prinzipiellen
    Zustimmungsfähigkeit einer Handlung im Hinblick auf ihre Folgen für andere
    Akteure.

Das Ziel ist hierbei folglich nicht die Etablierung einer Verhaltensnorm, sondern die Schaffung eines ersten Orientierungspunkts für ein Verständnis von Vertrauenserwartungen. „Konsens ist dann zu erwarten, wenn vor dem Hintergrund der relevanten Alternativen Kooperationsgewinne für alle anfallen" (Lin-Hi 2009, S. 58), kann jedoch hypothetisch bereits dann angenommen werden, wenn für keinen Beteiligten eine Verschlechterung gegenüber dem Status Quo[18] erfolgt (Suchanek 2012a). Die Konsensfähigkeit einer Handlung kann dementsprechend durch das Pareto-Kriterium hypothetisch geprüft werden, welches voraussetzt, dass die Besserstellung eines Akteurs erreicht werden kann, ohne einen anderen Akteur schlechter zu stellen.[19] In Bezug auf die zuvor beschriebenen Möglichkeiten der Erzielung von Kooperationsgewinnen auf konstitutioneller und postkonstitutioneller Ebene kann das Konsenskriterium in Anlehnung an Lin-Hi (2009, S. 118 ff.) weiter präzisiert

---

[17] Siehe hierzu auch Brennan und Buchanan (1985/1993) sowie Buchanan und Tullock (1962).

[18] „Der Status Quo definiert das, was vorhanden ist. Ohne Rücksicht auf Geschichte muss man ihn deswegen so bewerten, als ob er vertragstheoretisch legitim wäre." (Buchanan 1975/1984, S. 121).

[19] Die kurzfristige Schlechterstellung eines Akteurs kann dennoch konsensfähig sein, sofern gewährleistet ist, dass hierdurch langfristig alle Akteure besser gestellt werden. Siehe hierzu Lin-Hi 2009, S. 57 ff. sowie Brennan und Buchanan (1985/1993, S. 35 ff.) und Buchanan (1975/1984, S. 39 ff).

werden.[20] Es fordert dann die Beachtung elementarer Menschenrechte sowie die Einhaltung von lokal gültigen Regeln auf der konstitutionellen Ebene sowie die Einhaltung der „Gesamtheit der abgegebenen Versprechen" (2009, S. 124) auf der postkonstitutionellen Ebene.

Da ein Verzicht auf opportunistisches Verhalten wie auch die Einhaltung von Regeln und gegebenen Versprechen systematische Bedingungen für nachhaltig gelingende Kooperationsbeziehungen darstellen, lassen sich hieraus *systematisch* Vertrauenserwartungen ableiten. Die Systematik liegt darin begründet, dass es sich um eine von der Person unabhängige und daher objektive Entscheidungslogik handelt, Vertrauen nur dann zu geben, wenn berechtigterweise *erwartet* werden kann, dass dieses nicht vom Vertrauensnehmer in opportunistischer Weise ausgebeutet wird.

Diese Systematik ermöglicht es Unternehmen im nächsten Schritt, geeignete Strategien zur Sicherstellung der eigenen Vertrauenswürdigkeit abzuleiten. Neben stabilen und verständlichen Orientierungspunkten stellt sich an dieser Stelle als zweite Herausforderung die *Implementierung* geeigneter Maßnahmen zur Sicherstellung der eigenen Vertrauenswürdigkeit unter den gegebenen Wettbewerbsbedingungen.

Implementierung

Suchanek (2007) und Schiel (2013) weisen darauf hin, dass die Implementierung und Aufrechterhaltung von Selbstbindungsmechanismen in einem globalen Wettbewerbskontext durchaus kein triviales Problem für Unternehmen darstellt, da entsprechende Investitionen in die eigene Selbstbindungsfähigkeit zunächst mit Investitionskosten verbunden sind, die andere Wettbewerber nicht aufwenden müssen, etwa weil sie bislang nicht im öffentlichen Fokus stehen oder keine aufwendige Markenstrategie verfolgen, und die häufig nicht zu unmittelbaren und kalkulierbaren Erträgen, wohl aber zu unmittelbaren Aufwendungen führen.[21] Ein Verzicht auf die Implementierung entsprechender Maßnahmen, insbesondere von Selbstbindungsmechanismen zur Verhinderung opportunistischen Verhaltens des Vertrauensnehmers, eröffnet jedoch eine systematische Quelle von Inkonsistenzen.

Als Implementierungsherausforderung ergibt sich folglich aufgrund der Ambivalenz von Chancen und Risiken kein reines Complianceproblem, sondern ein risikobasiertes Entscheidungs- und Gestaltungsproblem. Wie gesehen, ist es unter den Bedingungen vollkommenen Wettbewerbs für Unternehmen schwer, im Rahmen von Kooperationsbeziehungen Gewinne zu erzielen, die die dabei anfallenden Produktions- und Risikokosten übersteigen, da die Kooperationsrente nahezu vollständig bei den Nachfragern anfällt.[22] Gegenstand eines Früherkennungssystems sollten deshalb auch Veränderungen im Wettbewerbsumfeld eines Unternehmens sein, die eine Anpassung der Kooperations- und

---

[20] Lin-Hi (2009) leitet aus dem Konsensprinzip den Begriff der legitimen Interessen ab.

[21] Die beschriebenen Investitionskosten haben häufig den Charakter von Opportunitätskosten, da Selbstbindung prinzipiell darauf zielt, auf kurzfristige Gewinne zu verzichten, um langfristigen Wert zu schaffen.

[22] Siehe hierzu die Ausführungen in Kap. 3.

Wettbewerbsstrategie erfordern, um weiterhin Kooperationsgewinne (auch) zum eigenen Vorteil erzielen zu können.

Es wurden zuvor vier Wettbewerbsstrategien diskutiert, die im Rahmen der Früherkennung von Risiken hinsichtlich möglicher Inkonsistenzen zu den zuvor abgeleiteten Vertrauenserwartungen zu beurteilen sind:

- Verringerung der Wettbewerbsintensität
- Wahl des Markteintrittszeitpunkts
- Investition in Wettbewerbsvorteile
- Ausnutzung von Informationsasymmetrien

Die Strategie der *Verringerung der Wettbewerbsintensität* durch die Wettbewerber einer Branche, etwa im Rahmen von Preisabsprachen, zielt darauf ab, einen Transfer der Kooperationsrente vom Nachfrager zu den Anbietern einer Branche zu ermöglichen, sodass diese höhere Gewinne erzielen können. Bei Anwendung des Konsensprinzips wird offensichtlich, dass Gewinne für Anbieter bei dieser Wettbewerbsstrategie nur zu Lasten der Nachfrager erzielt werden können. Eine hypothetische Konsensfähigkeit dieser Strategie kann deshalb nicht angenommen werden. Sofern die Gesellschaft eine freie Preisbildung durch Angebot und Nachfrage auf einem freien Markt ermöglicht, ist daran implizit die Vertrauenserwartung gebunden, dass die dabei entstehenden Marktpreise nicht durch Absprachen von Anbietern beeinflusst werden. Der Schutz des Wettbewerbsmechanismus ist daher auch überwiegend gesetzlich geregelt. Preisabsprachen haben entsprechend *Inkonsistenzen* zwischen den Vertrauenserwartungen der Nachfrager und dem tatsächlichen Verhalten der Anbieter zur Folge. Im Falle der Aufdeckung dieser Inkonsistenzen muss deshalb tendenziell mit verschiedenen Konsequenzen gerechnet werden.

Als zweite Strategie zur Erzielung von Gewinn unter Wettbewerbsbedingungen wurde die Nutzung von Vorteilen, die sich aus der *Wahl des Markteintrittszeitpunkts* ergeben, diskutiert. Ziel dieser Strategie ist es, als erster Anbieter über die am Markt angebotene Menge zu entscheiden, dadurch ein Optimum der Produktionskosten zu erreichen und zugleich die Entscheidungsmöglichkeiten der Wettbewerber zu begrenzen. Da es sich um eine Markteintrittsstrategie handelt, hat im Status Quo per Definition kein gleichartiger Markt existiert, sodass hinsichtlich der angebotenen Leistung auch keine Kooperationsrenten angefallen sein können. Die durch den früheren Markteintritt des Anbieters erlangten Vorteile bei der Bestimmung seiner optimalen Angebotsmenge führen zwar im Ergebnis zu einer Schlechterstellung des Nachfragers gegenüber einer vollständigen Wettbewerbssituation (Varian 2004), nicht aber gegenüber dem Status Quo und müssen deshalb vom Nachfrager nicht zwingend als Verschlechterung *wahrgenommen* werden. Da die Anwendung des Konsenskriteriums die Folgen einer Handlung in Relation zum Status Quo betrachtet, sind Inkonsistenzen bei der Wahl dieser Strategie wenig wahrscheinlich.

Die *Investition in Wettbewerbsvorteile* wurde als dritte mögliche Strategie diskutiert. Vorteile bei der Durchführung bestimmter Wertschöpfungsprozesse im Vergleich zu Wettbewerbern können zu Kostenvorteilen oder Alleinstellungsmerkmalen führen und so höhere Gewinne ermöglichen. *Alleinstellungsmerkmale* können Monopolsituationen zur Folge haben, sodass anfallende Kooperationsgewinne vom Anbieter abgeschöpft werden können. Dies betrifft jedoch nur den zusätzlichen Nutzen, den eine Leistung gegenüber den im Status Quo angebotenen Leistungen für den Konsumenten erbringt. Der Konsument wird sich also bereits dann für die Leistung mit dem Alleinstellungsmerkmal entscheiden, wenn der dabei entstehende zusätzliche Nutzen marginal größer ist, als der Nutzen im Status Quo. Es findet also nur ein Transfer der Konsumentenrente im Rahmen des zusätzlich erbrachten Konsumentennutzens statt. *Kostenvorteile* führen wiederum zu einer Erhöhung des gesamten erzielbaren Kooperationsgewinns, da der Wertschöpfungsprozess insgesamt effizienter wird. In der Regel fallen diese zusätzlichen Kooperationsgewinne bei dem Anbieter an, der über den Kostenvorteil verfügt. Im Vergleich zum Status Quo findet also weder durch Alleinstellungsmerkmale noch durch Kostenvorteile eine Schlechterstellung der Nachfrager statt. Inkonsistenzen zwischen Vertrauenserwartungen und Vertrauenswürdigkeit der unmittelbar beteiligten Kooperationspartner sind deshalb bei dieser Strategie wenig wahrscheinlich.[23] Wettbewerbsvorteile durch niedrigere Kosten können allerdings dann zu Inkonsistenzen führen, wenn diese zu Lasten Dritter entstanden sind, etwa durch Kinderarbeit, Lohndumping oder geringe Sicherheitsstandards. Zur Indentifikation entsprechender Inkonsistenzen sind Wettbewerbsvorteile hinsichtlich ihres Zustandekommens zu qualifizieren und zu hinterfragen.

Die vierte Strategie beinhaltet die gezielte *Ausnutzung von Informationsasymmetrien* zwischen dem Unternehmen und seinen Kooperationspartnern und basiert auf unterschiedlichen Fähigkeiten der Akteure bei der Bewertung von Gütern oder Leistungen. Private Informationen, etwa zum Nutzen eines gehandelten Gutes oder über die Qualität einer erbrachten Leistung, können dabei ebenso zu Lasten von Kooperationspartnern ausgenutzt werden, wie Handlungen, die vom diesen nicht beobachtet werden können. Auch durch die fehlende Verifizierbarkeit von entsprechenden Informationen gegenüber einer Gerichtsinstanz besteht systematisch die Gefahr der Ausbeutung. Informationsasymmetrien begünstigen folglich einen Transfer von Kooperationsrenten zwischen den Kooperationspartnern, wobei ein Akteur Gewinne zu Lasten des anderen Akteurs erzielt. Die Anwendung des Konsenskriteriums verdeutlicht den Umstand, dass die Ausbeutung von Kooperationspartnern durch Erzielung von Gewinnen zu deren Lasten mit der Vertrauenserwartung dcs nicht-opportunistischen Handelns konfligiert. Bei der Aufdeckung entsprechender *Inkonsistenzen* zwischen Vertrauenserwartungen und tatsächlichem Handeln ist folglich mit Konsequenzen für das Vertrauensverhältnis zwischen den Kooperationspartnern zu rechnen.

5.3.3 Bewertung der Relevanz von Inkonsistenzen

▶ Während im Rahmen des ersten Schrittes, der Definition einer Risikostrategie, die *Relevanz von Vertrauen für das Gelingen der Interaktionsbeziehung* in Abgrenzung zu anderen Prinzipien wie Hoffnung und Kontrolle betrachtet

---

[23] Denkbar sind allerdings Inkonsistenzen aufgrund von sogenannten Scheininnovationen, die nur vermeintlich einen Zusatznutzen aufweisen Siehe hierzu beispielsweise Unger (2006).

wurde, soll nun im Rahmen der Risikobewertung die *Relevanz von Inkonsistenzen für den Fortbestand einer vertrauensbasierten Kooperationsbeziehung* analysiert werden. Dabei steht die Frage im Vordergrund, in welchem Maße das Vertrauensverhältnis durch die Existenz konkreter Inkonsistenzen zwischen Vertrauenserwartungen des Vertrauensgebers und den im Rahmen der Ausführung der Wettbewerbsstrategie wahrgenommenen Handlungen des Vertrauensnehmers bedroht ist.

Ausgangspunkt dieser Überlegungen ist der Umstand, dass sich Inkonsistenzen zwischen erwartetem und tatsächlichem oder auch nur wahrgenommenem Handeln nicht vollständig vermeiden lassen. Dies trifft bereits auf alltägliche Lebenssituationen zu, umso mehr aber auf global tätige Unternehmen, die in komplexe Wertschöpfungsnetzwerke eingebettet sind und mit einer Vielzahl von heterogenen Erwartungen konfrontiert werden: „Im Alltag gibt es beliebig viele, kleine und größere Inkonsistenzen (Widersprüche, Unstimmigkeiten, Enttäuschungen, Konflikte), doch nicht alle sind entscheidend. Relevant sind jene Widersprüche, die einen Menschen an seinem Vertrauen in einen Anderen oder eine Sache zweifeln lassen und die so zur Erosion des Vertrauens führen." (Suchanek und Broock 2011, S. 9)

▶   Inkonsistenzen sind dann als *relevant* einzustufen, wenn sie geeignet sind, Vertrauen zu zerstören.

An dieser Stelle des Risikomanagementprozesses geht es also darum, Inkonsistenzen hinsichtlich ihrer potenziellen Auswirkungen auf bestehende oder angestrebte Vertrauensbeziehungen zu bewerten. Dieser Prozessschritt ist als vorausschauende Analyse zu verstehen, sodass es weniger um das Management bereits eingetretener oder bereits absehbarer Vertrauensschäden gehen sollte, als um die systematische Beurteilung ihrer Wahrscheinlichkeit und des zu erwartenden Ausmaßes im Zusammenhang mit zukünftigen Entscheidungen und Handlungen des Unternehmens.[24]

Eintrittswahrscheinlichkeit und Ausmaß eines unsicheren Ereignisses sind in der Risikomanagementliteratur zwei etablierte Größen zur Ermittlung der Relevanz eines Risikos in Bezug auf die Erreichung eines angestrebten Ziels.[25] Übertragen auf das Risikomanagement von Vertrauen bedeutet dies, dass es einerseits um die Frage geht, inwieweit zu erwarten ist, dass eine Inkonsistenz von den an einer Vertrauensbeziehung beteiligten Akteuren als solche *wahrgenommen* wird. Zum anderen geht es darum, welche *Auswirkungen* die Wahrnehmung einer Inkonsistenz auf das zukünftige Verhalten der beteiligten Akteure und damit auf das Gelingen einer vertrauensbasierten Kooperationsbeziehung in der Zukunft haben wird, ob und in welchem Umfang also trotz der Inkonsistenz zukünf-

---

[24] Zur Abgrenzung strategischer Überlegungen im Rahmen des Risikomanagement von eher operativen Erwägungen im Rahmen des Issues- oder Krisenmanagement siehe Jaques (2007).
[25] Siehe beispielsweise Fricke (2006) sowie Harrington und Niehaus (2003).

tig weiterhin Kooperationsgewinne erzielt werden können.[26] *Die Wahrscheinlichkeit der Wahrnehmung einer Inkonsistenz zwischen Vertrauenserwartungen diverser Akteure und Unternehmenshandlungen im Zusammenhang mit zu erwartenden Auswirkungen auf das Kooperationsverhalten der beteiligten Akteure begründet ihre Relevanz in Bezug auf einen konkreten Interaktionskontext.*

Die Wahrscheinlichkeit und das Ausmaß von Risiken sind dabei stets im Zusammenhang zu betrachten. Mitunter können Inkonsistenzen von den Beteiligten zwar als solche wahrgenommen, jedoch zugleich als unvermeidbar hingenommen werden, sodass keine Auswirkungen auf ihr Kooperationsverhalten zu erwarten sind.[27] Andererseits können Inkonsistenzen ein ganz erhebliches Ausmaß annehmen, jedoch von den Beteiligten nicht entsprechend wahrgenommen werden.[28] In beiden Fällen wäre die Relevanz einer Inkonsistenz für die Möglichkeit der Erzielung von Kooperationsgewinnen in der Zukunft als geringer einzustufen.[29]

▶ Die Messung von Eintrittswahrscheinlichkeit und Ausmaß eines Risikos in Form quantitativer Größen unter Verwendung bestimmter Kennzahlen, Signifikanz- und Toleranzbereiche erscheint für die Bewertung der Relevanz moralischer Risiken aufgrund der Komplexität individuellen Verhaltens als wenig praktikabel. Deshalb kann es hier nicht primär um eine mathematische Quantifizierung dieser Größen gehen, sondern darum, die Möglichkeit des Auftretens und der Wahrnehmung von Inkonsistenzen und die zu erwartenden Auswirkungen auf Vertrauensbeziehungen in einen systematischen Zusammenhang mit betrieblichen Entscheidungen und Handlungen zu bringen.

---

[26] Kooperationsgewinne müssen nicht zwangsläufig als finanzielle Größe interpretiert werden. Vorstellbar ist jede Art von wahrnehmbarem Nutzen aus einer Interaktionsbeziehung für die beteiligten Akteure, also auch kulturelle Errungenschaften oder rein spirituelle Erfahrungen wie Glück. Siehe hierzu beispielsweise Layard (2005). Da diese Arbeit jedoch auf die Anwendung in Unternehmen ausgerichtet ist, wird der Begriff des Kooperationsgewinns hier zumeist in finanzieller Hinsicht interpretiert.

[27] Mögliche Ursachen hierfür können unter anderem sein, dass Konsumenten aufgrund einer Monopolsituation keine Möglichkeit zum Anbieterwechsel haben, dass hohe Kosten für einen Anbieterwechsel anfallen würden oder dass Inkonsistenzen als üblich und weit verbreitet angenommen werden, sodass angenommen wird, dass andere Anbieter ebenso wenig vertrauenswürdig sind. Im letzteren Fall handelt es sich neben einem Mangel an spezifischem Vertrauen in einen Akteur auch um einen Mangel an generalisiertem Vertrauen in *die Wirtschaft* oder *die Manager*.

[28] Die Externalisierung von finanziellen Risiken durch verschiedene Institute der Finanzbranche zu Lasten der Allgemeinheit verschaffte diesen über viele Jahre enorme Gewinne. Erst nach Ausbruch der Finanzkrise im Jahr 2008 wurde dies weithin als relevante Inkonsistenz wahrgenommen, woraus teils massive regulatorische Maßnahmen resultierten.

[29] Diese Einschätzung beinhaltet keine normative Wertung der zugrundeliegenden Situation. Es wird hierbei lediglich das Kalkül eines rationalen Entscheider beim Umgang mit Inkonsistenzen beschrieben.

Da Anreize für das Risikomanagement von Vertrauen, wie gesehen, nicht durch regulatorische Impulse, sondern vielmehr durch das Eigeninteresse eines jeden Unternehmens entstehen, kommt es weniger auf die präzise und prüfbare Quantifizierung, als auf ein Verständnis der Dimension von relevanten Inkonsistenzen an.

Die Relevanz von Inkonsistenzen kann demnach verschiedene Ausprägungen annehmen. Eine Reduzierung von Vertrauen geht in der Regel mit veränderten Erwartungen über das zukünftige Verhalten eines Kooperationspartners in einer von Erwartungsunsicherheit geprägten Situation einher. Vertrauen geht verloren, wenn die Wahrscheinlichkeit opportunistischen Verhaltens eines Kooperationspartners in der Zukunft größer empfunden wird als zuvor oder wenn die erwarteten Folgen eines solchen Verhaltens als gravierender empfunden werden als zuvor. Misstrauen ist hierbei als Extremfall anzusehen, in dem opportunistisches Verhalten mit hoher Wahrscheinlichkeit von anderen Akteuren erwartet wird und kooperatives Verhalten, etwa die Einhaltung von Regeln oder gegebenen Versprechen als unwahrscheinlich erscheint. Eine mögliche Folge hiervon ist die teilweise oder vollständige Substitution von Vertrauen durch Kontrolle. Da hierbei, wie gesehen, Kontrollkosten entstehen, die den erwarteten Kooperationsgewinn für alle Beteiligten mindern, wird das Gelingen einer Kooperationsbeziehung tendenziell unwahrscheinlicher, je größer die Kontrollkosten im Verhältnis zum erzielbaren Kooperationsgewinn werden.

Ausnutzung von Informationsasymmetrien als Wettbewerbsvorteil

Mit Bezug zu der zuvor abgeleiteten Systematik von Vertrauenserwartungen im Zusammenhang mit bestimmten Wettbewerbsstrategien eines Unternehmens soll das Risiko des Vertrauensverlustes nun konkret am Beispiel einer auf *Ausnutzung von Informationsasymmetrien* basierenden Wettbewerbsstrategie betrachtet werden. Die ersten Schritte des Risikomanagementprozesses haben relevante Kooperationsbeziehungen sowie im Rahmen dieser Beziehungen auftretende Unsicherheitssituationen ebenso aufgezeigt, wie Inkonsistenzen im Zusammenhang mit der definierten Wettbewerbsstrategie. Die Bewertung der Relevanz von Inkonsistenzen zwischen der Vertrauenserwartung nicht-opportunistischen Verhaltens und der Strategie der Ausnutzung von Informationsasymmetrien zur Erzielung von Kooperationsgewinnen sollte nun aus der Sicht des Unternehmens anhand der Wahrscheinlichkeit der Wahrnehmung dieser Inkonsistenz durch den ausgebeuteten Akteur sowie dessen zu erwartende Reaktion hierauf erfolgen. Die Wahrscheinlichkeit der Aufdeckung opportunistischen Verhaltens ist je nach Einzelfall zu bewerten und hängt von einer Vielzahl empirischer Umstände ab. Für die Bewertung der zu erwartenden Reaktion ist unter anderem von Bedeutung, ob die Falsifikation der Vertrauenswürdigkeit des Vertrauensnehmers im Einzelfall auf andere zukünftige Interaktionskontexte übertragbar ist und die Vertrauenswürdigkeit damit nicht nur im Einzelfall sondern *generell* in Zweifel gezogen wird.[30] Die Frage der Übertragbarkeit der Inkonsistenz auf weitere Kooperationsbeziehungen des Ver-

---

[30] Siehe hierzu auch Suchanek (2012a).

trauensnehmers mit anderen Akteuren ist ebenfalls von Bedeutung, etwa hinsichtlich dessen Bereitschaft, Sanktionierungskosten aufzuwenden, um andere Akteure von derartigen Strategien abzuhalten.[31] Weiterhin ist von Bedeutung, welcher Schaden dem Vertrauensgeber entstanden ist, beziehungsweise welcher Anteil am Kooperationsgewinn durch die Ausnutzung von Informationsasymmetrien vom Vertrauensgeber auf den Vertrauensnehmer übertragen wurde. Die Höhe des erlittenen Schadens des Vertrauensgebers in Relation zu dessen verbleibendem Kooperationsgewinn kann ein Indikator für dessen Bereitschaft zur Weiterführung der Kooperationsbeziehung trotz vorhandener Inkonsistenzen sein.

Die Bewertung der Relevanz von Inkonsistenzen kann in dieser Form für alle zuvor beschriebenen Wettbewerbsstrategien im Zusammenhang mit systematisch abgeleiteten Vertrauenserwartungen erfolgen.

5.3.4 Maßnahmen zum Umgang mit relevanten Inkonsistenzen

▶ Auf der Basis des nun vorhandenen Bewusstseins über die Relevanz von Inkonsistenzen zwischen externen Vertrauenserwartungen und der im Zusammenhang mit der eigenen Wettbewerbsstrategie wahrgenommenen Vertrauenswürdigkeit sollen im nun folgenden Schritt konkrete Maßnahmen abgeleitet werden. Moralisches Risikomanagement wird dabei auf verschiedenen analytischen Ebenen als Investitionsheuristik entwickelt.

3 Ebenen für Risikomanagementmaßnahmen
Investitionen in gelingende soziale und geschäftliche Beziehungen können entsprechend des in Abb. 5.7 dargestellten Drei Ebenen-Paradigmas (Suchanek und Broock 2008; Broock 2012) auf den drei analytischen Ebenen des Spielverständnisses, der Spielregeln und der Spielzüge erfolgen.

Bei der Wahl von Risikosteuerungsinstrumenten ist es jedoch von zentraler Bedeutung, dass diese problemspezifisch angewendet werden. Keineswegs kann jede Art von Konflikt durch die Einführung zusätzlicher oder verschärfter Regeln (Investition auf der Spielregelebene) sinnvoll, effizient und effektiv aufgelöst werden.

Die Schaffung und Umsetzung von geeigneten *Spielregeln* ist, wie auch im COSO Ansatz vorgesehen, für erfolgreiche soziale und geschäftliche Beziehungen von großer Bedeutung. Ob jedoch eine reine Compliance-Strategie zur Lösung von Interaktionsproblemen in einem Wettbewerbskontext ausreichend ist, ist im Einzelfall zu prüfen, um unnötige Formalismen und Compliance Bürokratie weitgehend zu vermeiden.

---

[31] Zur Frage der Bereitschaft zur Sanktionierung nicht kooperativer Akteure sowie der Inkaufnahme entsprechender Sanktionierungskosten siehe insbesondere Falk et al. (2005).

Abb. 5.7 Das Drei
Ebenen-Paradigma. Quelle:
Broock (2012, S. 101).

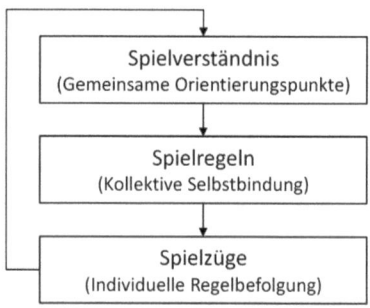

Ebenso zentral ist ein gemeinsames Verständnis der handelnden Akteure über den Sinn, die Funktionalität und den Anwendungsbereich von Regeln. Das *Spielverständnis* eines Akteurs wird dessen Akzeptanz bestimmter Regeln und das Maß an Risiko, welches er beim Umgang mit ihnen einzugehen bereit ist, erheblich beeinflussen. Aufgrund der damit ebenfalls einhergehenden Unsicherheit ermöglicht jedoch erst eine hinreichend *gemeinsame* Basis der interagierenden Akteure beim Verständnis des Spiels vertrauensbasierte Kooperationsbeziehungen: „Die Bedeutung eines gemeinsamen Spielverständnisses zeigt sich gerade im Kontext von Vertrauen. Es geht dann um die Frage, welche (Vertrauens-) Erwartungen der Vertrauensgeber hat, ob und wie diese vom Vertrauensnehmer berücksichtigt werden und wie von beiden Seiten auf Differenzen zwischen Erwartungen und Handlungen reagiert wird." (Suchanek und Broock 2011, S. 7).

Um Strategien für den Umgang mit Vertrauenserwartungen unter Wettbewerbsbedingungen entwickeln und auf konkrete *Spielzüge* übertragen zu können, sind Spielregeln und ein gemeinsames Spielverständnis der handelnden Akteure hilfreiche Orientierungspunkte. Die Vertrauenswürdigkeit eines Unternehmens kann jedoch letztlich nicht allein anhand seines Regelwerkes oder seines kommunizierten Spielverständnisses verifiziert werden. Vielmehr entsteht Vertrauen, wenn in der kollektiven Wahrnehmung der Spielzüge des Unternehmens im Zeitverlauf keine Falsifikation seiner Vertrauenswürdigkeit stattfindet.[32]

Investitionsstrategien

Als *Investition* wird in der Betriebswirtschaftslehre die „Verwendung finanzieller Mittel" in Verbindung mit der „Hoffnung auf höhere Geldrückflüsse (Einzahlungen) in der Zukunft" (Wöhe 2002, S. 599 f.) bezeichnet. Auch wenn es nicht in jedem Fall allein um finanzielle Ein- und Auszahlungen geht, kommt bereits an dieser Stelle klar zum Ausdruck, dass Investitionen durch den Verzicht auf bestimmte Ressourcen in der Gegenwart als Ausgleich für positive Erwartungen auf Erträge in der Zukunft charakterisiert werden können. Investitionen dienen dem Aufbau und Erhalt von Vermögenswerten. Dazu zählen alle materiellen und immateriellen Güter im Eigentum des Unternehmens (Wöhe 2002, S. 877). In Bezug auf

---

[32] Siehe hierzu Suchanek (2012a).

Investitionen im Rahmen des Managements moralischer Risiken sind jedoch hauptsächlich *immaterielle Vermögenswerte* von Interesse.

Um betriebswirtschaftlichen Kriterien zu genügen, sollte die zu entwickelnde Investitionsheuristik sowohl *effektiv* hinsichtlich des erfolgreichen Managements moralischer Risiken als auch *effizient* hinsichtlich des Einsatzes betrieblicher Ressourcen sein. *Effektivität* bezieht sich dabei auf das Verhältnis zwischen einem erreichten Ergebnis und dem ursprünglich angestrebten Ziel. Die Effektivität moralischen Risikomanagements ist dementsprechend an der Eignung der durchgeführten Investition in die eigene Vertrauenswürdigkeit im Hinblick auf den Aufbau und die nachhaltige Sicherstellung von Vertrauensverhältnissen mit relevanten Kooperationspartnern zu bemessen. *Effizienz* bezieht sich hingegen auf die Relation der zur Erreichung eines angestrebten Ziels aufgewendeten Ressourcen zu dem dadurch erreichten Nutzen. Effizientes Risikomanagement kann, wie zuvor beschrieben, zu Wettbewerbsvorteilen für Unternehmen führen. Dies setzt voraus, dass die Summe aus den Kosten des Risikos und den Kosten des Risikomanagements eines Unternehmens geringer ist, als die entsprechenden Kosten der Wettbewerber. Zur Beurteilung von Investitionen in Vertrauensbeziehungen sind folglich die Kriterien der Zielerreichung und des Kosten/Nutzen-Verhältnisses wichtige Kenngrößen.

Angesichts der beschriebenen Ambivalenz von Chancen und Risiken für Kooperation und Wettbewerb im Zusammenhang mit dem Umgang mit Vertrauenserwartungen, ergeben sich nun im Grunde drei verschiedene Investitionsstrategien.

* Es ist einerseits denkbar, eine *Änderung der Wettbewerbsstrategie* zu erwägen, um bestehende Kooperationschancen nicht zu gefährden.
* Sofern dadurch allerdings mit potenziellen Risiken für die Wettbewerbssituation des Unternehmens zu rechnen ist, kann weiterhin auf eine *Veränderung der für alle Wettbewerber geltenden Regeln* hingewirkt werden, sodass einzelne Anbieter durch die Erfüllung der an sie adressierten Erwartungen gegenüber anderen nicht benachteiligt werden.[33]
* Als dritte Möglichkeit kann erwogen werden, auf den Inhalt der an das Unternehmen adressierten Vertrauenserwartungen einzuwirken. Diese Maßnahme zielt darauf ab, auf Anreizinkompatibilitäten und Dilemmasituationen, die durch bestimmte Vertrauenserwartungen entstehen, hinzuweisen und auf diese Weise das *Spielverständnis der Kooperationspartner hinsichtlich zu berücksichtigender empirischer Bedingungen zu inspirieren.*

▶   Hierauf basierend ergibt sich ein Verständnis von moralischem Risikomanagement als
   * Führungsaufgabe,
   * Koordinationsaufgabe und als
   * Integrationsaufgabe.

---

[33] Zur zentralen Bedeutung allgemeingültiger Regeln für das Gelingen von Kooperationsbeziehungen in einem Wettbewerbskontext siehe insbesondere Homann und Blome-Drees (1992).

Moralisches Risikomanagement als Führungsaufgabe

Vertrauenserwartungen und Wettbewerbsbedingungen sind zwei zentrale Einflussfaktoren für die Möglichkeit der nachhaltigen Erzielung von Kooperationsgewinnen. Sofern beide Faktoren als gegeben und kurzfristig unveränderbar hinzunehmen sind, hat moralisches Risikomanagement die Aufgabe, Strategien zur Ermöglichung von Kooperationsgewinnen *unter gegebenen empirischen Bedingungen* zu entwickeln.

▶   Unter kurz- und mittelfristig gegebenen Rahmenbedingungen ist die Entwick-
     lung und Umsetzung von *Strategien für effiziente und effektive Spielzüge* zum
     Management von relevanten Inkonsistenzen eine wichtige Führungsaufgabe.

Da Maßnahmen zum Umgang mit Vertrauenserwartungen unter Wettbewerbsbedingungen hier auf die eigenen Entscheidungen und Handlungen begrenzt sind und keine Möglichkeit der Steuerung des Verhaltens anderer Akteure besteht, ist moralisches Risikomanagement auf dieser Ebene als *Handlungsproblem* zu verstehen. Das bedeutet, dass Interaktionsprobleme, die einen gesamtgesellschaftlichen Lösungsansatz erfordern, mit den hier verfügbaren Mitteln nicht gelöst, sondern lediglich durch geeignete Strategien in ihrer Auswirkung auf das Unternehmen gemildert werden können.

Wie gesehen, stellt sich der Umgang mit Vertrauenserwartungen aus der Sicht der Unternehmen in vielen Fällen als dilemmatische Situation dar, weil sowohl mit ihrer Erfüllung als auch mit ihrer Nichterfüllung Chancen und Risiken für Kooperation und Wettbewerb verbunden sein können. Entwickeln Unternehmen beispielsweise *individuelle* Selbstbindungsstrategien, mit Hilfe derer sie sich – unabhängig vom Verhalten der Wettbewerber – auf die Einhaltung von Regeln oder den Verzicht auf opportunistische Ausbeutung anderer Akteure verpflichten, kann dies für sie kurzfristig zu höheren Kosten, gerade auch zu Opportunitätskosten durch entgangene kurzfristige Gewinne, führen. Sie geraten dadurch selbst in eine ausbeutbare Situation und werden zum Vertrauensgeber. Zugleich kann jedoch der Verzicht auf individuelle Selbstbindung an bestimmte Verhaltenweisen zum Zweck der Realisierung von Wettbewerbschancen Vertrauen zerstören und dadurch wiederum zukünftige Kooperationschancen beeinträchtigen.

Investitionen in individuelle Selbstbindung sind als Risikomanagementinstrument deshalb häufig nur im Falle einseitiger Dilemmastrukturen effektiv.[34] Zur Auflösung von mehrseitiger Dilemmata ist es hingegen notwendig, dass die beteiligten Akteure ihre Handlungen koordinieren und strukturieren. Sofern dies aufgrund gegebener empirischer Umstände kurzfristig nicht möglich ist, wächst die Bedeutung von *Führung* für den Unternehmenserfolg.

▶   „Führung wird also erst dann wertvoll, wenn Routinen versagen. [. . .] Füh-
     rung hat ihren Aufgabenbereich ‚jenseits‘ der Routine, nämlich im Konflikt, in
     dilemmatischen Situationen." (Sprenger 2012, S. 148).[35]

---

[34] Siehe hierzu auch Hielscher (2011).

[35] An anderer Stelle leitet der Autor die Existenz einer Führungskraft aus einer Dilemmasituation ab:
„Es ist nicht so, dass, wie oft beschrieben, sich Führungskräfte bei der Bewältigung ihrer Aufgabe

Da Konflikte und Dilemmata sowohl in der Beziehung des Unternehmens zu externen Akteuren, beispielsweise zu Kunden, NGOs oder Wettbewerbern, als auch innerhalb des Unternehmens im Zusammenwirken der Mitarbeiter auftreten können, sollte sich Führung neben strategischen Erwägungen auch auf Situationen der alltäglichen Arbeitswelt der zu führenden Mitarbeiter erstrecken.

Auf der strategischen Ebene bedeutet Führung die Wahl einer geeigneten Kooperations- und Wettbewerbsstrategie zum Umgang mit Dilemmata. Das Beispiel des Korruptions- skandals bei Siemens und die darauf folgende Auseinandersetzung des Unternehmens mit der Bedeutung von Korruption für das eigene Geschäftsmodell verdeutlicht dies sehr an- schaulich. Korruption ist im Geschäft mit Infrastrukturprojekten in vielen Absatzmärkten des Unternehmens weit verbreitet. Während individuelle Lösungen aufgrund der globalen Dimension des Problems unrealistisch erscheinen, sind auch kollektive, länderübergrei- fende Ansätze zur politischen Bekämpfung von Korruption bislang wenig erfolgreich. Zugleich besteht auf dem Heimatmarkt und anderen wichtigen Märkten des Unternehmens enormer öffentlicher Druck hinsichtlich seiner Geschäftspraktiken im Ausland. Für das Unternehmen stellen sich deshalb sowohl die gesellschaftlichen Erwartungen als auch das regulatorische Wettbewerbsumfeld als gegebene Faktoren dar. Siemens reagierte hierauf mit einer Fokussierung seiner Wettbewerbsstrategie auf die Schaffung von technologi- schen und anderen Wettbewerbsvorteilen, die nicht auf Korruption beruhen, um den vermeintlichen Nachteil durch Verzicht auf Korruption kompensieren zu können.

Unternehmensinternen bedeutet Führung die Unterstützung der Mitarbeiter beim Um- gang mit Inkonsistenzen in ihren jeweiligen Arbeitsbereichen. Sie verfolgt das Ziel, die Überforderung einzelner Mitarbeiter in dilemmatischen Entscheidungssituationen zu ver- meiden, beispielsweise durch klare Verhaltensrichtlinien, durch vorbildhaftes Verhalten der Führungskräfte oder durch Einrichtung von Beratungs- oder Whistleblowing-Hotlines.[36] „Vor allem aber spielen führungsethische Fragen eine Rolle bei der Leistungsmessung, Personalbeurteilung und Vergütung, denn hier werden die wesentlichen Anreize für das Mitarbeiterverhalten im Unternehmensalltag gestaltet." (Suchanek 2011a, S. 289). Als mögliche Quellen von Inkonsistenzen im Zusammenhang mit mangelnder Führungsethik nennt Suchanek (2011a) beispielsweise eine fehlende Vorbildfunktion von Führungskräften sowie fehlende Klarheit und Offenheit in der Kommunikation.[37]

---

mit Konflikten und Dilemmata konfrontiert sehen. Vielmehr wird die Führungsaufgabe durch Kon- flikte überhaupt erst geschaffen. Die Wahrscheinlichkeit von Konflikten macht Führung notwendig." (Sprenger 2012, S. 149).

[36] Zur Bedeutung und den Herausforderungen von internem und externem Whistleblowing aus Sicht der Unternehmensethik siehe beispielsweise Bok (1980) und Ray (2006).

[37] Zur Bewältigung der sich hieraus ergebenden Herausforderungen ist eine gewisse Kommunikati- onskompetenz der Führungskräfte sowie eine gewisse Gemeinsamkeit im Spielverständnis förderlich: „Führungseliten können letztlich nur führen, wenn sie die Menschen, die ihren Vorgaben folgen und ihre Entscheidungen akzeptieren und mittragen sollen, gewinnen; dazu benötigen sie deren Vertrauen, und dafür spielt ein ‚Vorrat an Gemeinsamkeiten' eine zentrale Rolle." (Suchanek 2011, S. 3).

Der auf der Spielzugebene verfügbare Handlungsspielraum zum Risikomanagement von relevanten Inkonsistenzen kann zusammenfassend dazu genutzt werden,

a. eine wettbewerbsfähige Kooperationsstrategie zu definieren, die Konflikte und Dilemmata nach Möglichkeit antizipiert und vermeidet, sowie

b. die Unternehmensmitglieder durch Schaffung von Orientierungspunkten in die Lage zu versetzen, mit Konflikten und Dilemmata innerhalb ihres Arbeitsbereiches selbständig und nachhaltig im Sinne der Kooperationsstrategie des Unternehmens umzugehen.

Moralisches Risikomanagement als Koordinationsaufgabe

Auf der nun betrachteten analytischen Ebene werden die empirischen Bedingungen, mit denen Unternehmen bei der Verfolgung ihrer Ziele konfrontiert sind, nicht länger als gegeben hingenommen. Maßnahmen auf dieser Ebene des moralischen Risikomanagements sind auf die *aktive Gestaltung von Interaktionsbedingungen* ausgerichtet. Entsprechend der Goldenen Regel der Ökonomischen Ethik geht es hier um Investitionen in die *Bedingungen* der gesellschaftlichen Zusammenarbeit zum Vorteil aller Betroffenen (Suchanek 2007). Risikomanagementmaßnahmen beinhalten auf der hier betrachteten *Spielregelebene* also Investitionen in die Funktionalität der institutionellen Rahmenordnung. Aufgrund der strukturellen Bedeutung funktionaler Interaktionsbedingungen für die Koordination gesellschaftlicher Kooperation spricht Homann (1990) in diesem Zusammenhang auch vom systematischen Ort der Moral in der modernen Gesellschaft. Hielscher (2011, S. 117) beschreibt entsprechende Investitionen im Zusammenhang mit der gesellschaftlichen Verantwortung von Unternehmen: „CSR can be conceptualized as a corporate strategy of moral commitments to manage the relationship-based risks that arise out of social dilemma situations between the company and its interaction partners." Ein Beispiel für derartige *Commitments* ist die Selbstbindung an Regeln oder an gegebene Versprechen: „Durch individuelle und kollektive Bindungen ist es möglich, einen situativ auftretenden Widerspruch zwischen Gewinn und Moral konstruktiv aufzulösen." (Pies 2007, S. 2). Mit der Selbstbindung an Regeln, Standards oder andere Verhaltensprinzipien sollen Anreize zu sozial unerwünschtem Verhalten auf institutionellem Wege reduziert werden.[38]

Geeignete Rahmenbedingungen zur Vermeidung von Inkonsistenzen zwischen Vertrauenserwartungen und der eigenen Vertrauenswürdigkeit können grundsätzlich sowohl unternehmensübergreifend als auch innerhalb einzelner Unternehmen etabliert werden.

Die unternehmensübergreifende, kollektive Selbstbindung an bestimmte Regeln wird bei Gunningham und Rees (1997, S. 365) beschrieben als: „regulatory process whereby

---

[38] Vgl. beispielsweise Sammeck (2011, S. 3): „By definition, the distinct reason of self-regulation is to mitigate arbitrariness in actions. It ought to make a certain socially desired behavior a regularity, in the sense that society can expect that within an industry respect for ethical values is not random and arbitrary (which in the worst case would mean non-existent) but instead institutionalized."

an industrylevel (as opposed to a governmental or firm-level) organization sets rules and standards (codes of practice) relating to the conduct of firms in the industry." Ziel ist hierbei die Koordination der Entscheidungen und Handlungen verschiedener Unternehmen, beispielsweise aller Wettbewerber einer Branche, mit Hilfe von verbindlichen Umwelt-, Arbeits- Qualitäts- oder anderen Standards. Durch die Standardisierung von Verhaltensweisen werden Anreize zur Erzielung kostenbasierter Wettbewerbsvorteile in bestimmten Bereichen, beispielsweise durch Verzicht auf Umweltschutzmaßnahmen, für alle Wettbewerber reduziert. Mit anderen Worten verzichten Unternehmen im Rahmen der kollektiven Selbstbindung an Regeln auf die Möglichkeit der Verfolgung bestimmter Wettbewerbsstrategien, die zu relevanten Inkonsistenzen zwischen gesellschaftlichen Erwartungen und der wahrgenommenen Vertrauenswürdigkeit der gesamten Branche führen können.[39]

Innerhalb einzelner Unternehmen kann die Koordination der Handlungen der Unternehmensmitglieder insbesondere durch Investitionen in Governancestrukturen erfolgen.[40] Entsprechende Investitionen sollten darauf abzielen, die Berücksichtigung von relevanten Vertrauenserwartungen im Rahmen der unternehmensweiten Wettbewerbsstrategie, aber auch für jeden einzelnen Mitarbeiter anreizkompatibel zu gestalten. Anreizbedingte Dilemmata wurden bereits zuvor als strukturelle Ursachen für moralische Risiken identifiziert. Sie sind dadurch geprägt, dass existierende Anreizstrukturen kooperatives Verhalten ausbeutbar beziehungsweise nicht kooperatives Verhalten attraktiv machen. Eine konkrete Koordinationsaufgabe für Unternehmen liegt deshalb darin, „die Handlungsbedingungen von Mitarbeitern daraufhin zu durchleuchten, ob sie relevante Inkonsistenzen fördern oder zu vermeiden helfen." (Suchanek 2011a, S. 289).

Als Umstände, die in ihrem Zusammenwirken Vertrauensbruch tendenziell wahrscheinlicher machen, werden in der Literatur genannt:

- Motiv,
- Gelegenheit,
- Rechtfertigung.

Die von Cressey (1953) identifizierten drei Faktoren bilden die Eckpunkte des sogenannten Fraud-Triangle: „Trusted persons become trust violators when they conceive of themselves as having a financial problem that is non-shareable, are aware that this problem can be secretly resolved by violation of the position of financial trust, and are able to apply to their own conduct in that situation verbalizations which enable them to adjust their conceptions of themselves as trusted persons with their conceptions of themselves as users of the entrusted funds or property." (von Cressey 1953, S. 30)

---

[39] Zu den Voraussetzungen für gelingende kollektive Selbstbindung von Unternehmen siehe insbesondere Sammeck (2012). Der Autor analysiert die Bedingungen, unter denen Unternehmen bereit sind, sich gemeinsam mit Anderen an Regeln zu binden und bisherige Kostenexternalisierungen fortan zu internalisieren (vgl. Sammeck 2012, S. 7).

[40] Siehe hierzu Wieland (2001) sowie Wieland und Fürst (2002).

Entsprechend sollten betriebliche Anreizstrukturen, die unerwünschtes Verhalten möglicherweise motivieren, wie auch betriebliche Kontrollstrukturen, die unter Umständen
die Gelegenheit hierfür bieten, Gegenstand von systematischen Analysen sowie von
Investitionen in die Governancestruktur sein.[41] Investitionen in die Interaktionsbedingungen, beispielsweise in allgemeingültige Regeln, deren Verbindlichkeit für alle Akteure
durch geeignete Kontrollsysteme, sichergestellt wird, sollen kooperatives Verhalten für
den Einzelnen anreizkompatibel machen und Anreize für nicht gewünschtes Verhalten
reduzieren.

▶   Der Nutzen von Regeln und ihrer Einhaltung durch die Beteiligten liegt darin,
     dass:
     a. die Realisierung von Kooperationschancen für alle Beteiligten ermöglicht
        wird,
     b. während zugleich die Erfüllung von Vertrauenserwartungen für den Einzel-
        nen nicht länger mit Wettbewerbsrisiken verbunden ist.
     Dies setzt jedoch die Bereitschaft jedes Einzelnen zur Selbstbindung sowie die
     glaubhafte Sanktionierung von Regelabweichungen voraus. Durch den kurzfri-
     stigen Verzicht auf relevante Regelverstöße wird die nachhaltige Erzielung von
     Kooperationsgewinnen in einem Vertrauenskontext überhaupt erst möglich.
     Dies ist gewissermaßen das investive Element der Risikomanagementstrategie.

Wieland (2001) sowie Wieland und Fürst (2002) weisen ebenfalls auf die Bedeutung
von Governancestrukturen innerhalb von Organisationen hin. Sie sollen es ermöglichen,
normative Prinzipien im Rahmen von betrieblichen Abläufen zu berücksichtigen. Wertemanagementsysteme sollen zudem die Implementierung in operative Geschäftsabläufe
sicherstellen. Während zuvor kritisiert wurde, dass die Verwendung von gesellschaftlichen moralischen Werten als Orientierungspunkte in einem globalen und multikulturellen
Interaktionskontext ungeeignet erscheint, können gelebte Unternehmenswerte *innerhalb*
einer Organisation tatsächlich eine starke Orientierungswirkung bieten. Dies kann insbesondere zur Steuerung des Verhaltens der Unternehmensmitglieder genutzt werden.
Wertemanagementsysteme dienen gemäß der hier vertretenen Auffassung folglich weniger
der Compliance mit extern vorgegebenen Werten, sondern vielmehr der Implementierung
von Selbstbindungsmechanismen, die aus der Kooperations- und Wettbewerbsstrategie
abzuleiten sind. Dies setzt jedoch zum einen voraus, dass die zu definierenden Unternehmenswerte mit der vom Unternehmen verfolgten Selbstbindungsstrategie konsistent
sind. Zum anderen sollte das zu etablierende Wertemanagementsystem ein Unternehmen
nur insoweit an unverrückbare Prämissen binden, wie dies im Rahmen der empirischen

---

[41] Zur Implementierung geeigneter Kontrollstrukturen in Unternehmen siehe auch die Ausführungen
in den Abschn. 5.3.4 und 5.3.5.

Wettbewerbsbedingungen nachhaltig möglich ist.[42] Gerade Unternehmen, die in einem innovativen und dynamischen Wettbewerbsumfeld agieren, sind auf eine gewisse Flexibilität ihres internen Kontrollumfeldes sowie auf dessen Anpassungsfähigkeit an sich stetig ändernde Bedingungen angewiesen.

Dies bedeutet nicht, dass Selbstbindungsmechanismen zu ignorieren wären, wenn dies im Einzelfall gerade opportun erscheint, weil dann ihre Eigenschaft als Orientierungspunkt für Kooperationspartner verloren ginge (vgl. Kreps 1990). Stattdessen ist im Rahmen eines Kreislaufprozesses fortlaufend neu zu hinterfragen, mit welchen Kooperationspartnern welche Wertschöpfung unter welchen Wettbewerbsbedingungen erbracht wird, welche Selbstbindungsmechanismen hierbei konstruktiv wirken (und welche nicht) und wie diese sinnvollerweise implementiert werden können.

Die Beschreibung und Implementierung von Strategien zur unternehmensübergreifenden oder internen Selbstbindung an Regeln und gegebene Versprechen ist eine elementare Maßnahme des moralischen Risikomanagements. Ihre praktische Umsetzung im Rahmen alltäglicher Prozessabläufe ist jedoch keineswegs trivial. Neben prozessorientierten internen Kontrollsystemen können Wertemanagementsysteme dazu beitragen, die Implementierung von Selbstbindungsstrategien und die Sicherstellung ihrer Einhaltung zu erleichtern. Wichtige Herausforderungen für das Management sind dabei die Definition geeigneter Unternehmenswerte, die im Zusammenhang mit der verfolgten Kooperations- und Wettbewerbsstrategie stehen, sowie die Vermittlung dieser Werte und die Schaffung von Akzeptanz bei den Mitarbeitern. Die notwendige und vorgelagerte Analyse von Chancen und Risiken der Selbstbindung in einem Wettbewerbskontext ersetzen Wertemanagementsysteme allein jedoch nicht.

Moralisches Risikomanagement als Moderationsaufgabe
Moralische Risiken basieren, wie gesehen, auf relevanten Inkonsistenzen zwischen Vertrauenserwartungen und Unternehmenshandlungen im Rahmen ihrer Kooperations- und Wettbewerbsstrategie. Während es bei einem Verständnis von moralischem Risikomanagement als Koordinationsaufgabe darum geht, empirische Wettbewerbsbedingungen und interne Kooperationsprozesse so zu gestalten, dass Wettbewerbsrisiken vermieden und zugleich Kooperationschancen genutzt werden können, wird im Folgenden ein Ansatz vorgestellt, der eher auf die Vermeidung von Kooperationsrisiken ausgerichtet ist. Das primäre Ziel ist deshalb nicht wie zuvor die Veränderung von Wettbewerbsbedingungen, sondern die Beeinflussung des Prozesses der Bildung von Vertrauenserwartungen.[43]

---

[42] Zur Problematik von zeitkritischen Entscheidungs- und Kontrollprozessen in einem dynamischen Umfeld siehe auch Dobler (2011).

[43] Zur hierbei implizit zugrunde liegenden Problematik von nicht nachhaltigen Vertrauenserwartungen vgl. auch Lin-Hi und Suchanek (2011a, S. 83): „Eine bislang – auch in der CSR-Literatur – noch wenig beachtete Klasse von Konflikten zwischen Gewinn und Moral hat ihren Ursprung darin, dass im Namen von Moral Ansprüche an Unternehmen formuliert werden, welche die konkreten Bedingungen der Unternehmensführung nicht genügend berücksichtigen."

Ansatzpunkte für Investitionsstrategien auf dieser Ebene sind „mental models that individuals construct to make sense out of the world around them, the ideologies that evolve from such constructions, and the institutions that develop in a society to order interpersonal relationships". (North und Denzau 1994, S. 4). Die Autoren argumentieren, dass mentale Modelle, beziehungsweise das Spielverständnis (Suchanek und Broock 2011; Broock 2012) verschiedener gesellschaftlicher Akteure aufgrund unterschiedlicher individueller Erfahrungen mit der Zeit divergieren, wenn keine gemeinsamen Lern- und Kommunikationsprozesse stattfinden. Suchanek und Broock (2011, S. 4) identifizieren diesbezüglich Ursachen für relevante Inkonsistenzen „in einem (fehlenden) gemeinsamen Verständnis im Hinblick auf legitime Vertrauenserwartungen der Gesellschaft einerseits, die Handlungsbedingungen im Wirtschaftsalltag andererseits und die angemessene Berücksichtigung beider Ebenen in unternehmerischen Entscheidungen."[44]

Auf der hier betrachteten analytischen Ebene des *Spielverständnisses* geht es folglich um die *Moderation eines Lernprozesses* aller beteiligten Akteure hinsichtlich des Zustandekommens von Erwartungen und ihrer Kompatibilität mit empirischen Bedingungen, unter denen die Adressaten dieser Erwartungen im Alltag agieren. Aus der Sicht der betroffenen Unternehmen wird damit das Ziel verfolgt, die Falsifikation der eigenen Vertrauenswürdigkeit aufgrund einer mangelnden Orientierungswirkung der an sie gerichteten Vertrauenserwartungen zu vermeiden.[45] Hierfür kommen gemäß Suchman (1995, S. 587) im Grunde drei mögliche Ansätze in Betracht: „

a. efforts to conform to the dictates of preexisting audiences within the organization's current environment,
b. efforts to select among multiple environments in pursuit of an audience that will support current practices, and
c. efforts to manipulate environmental structure by creating new audiences and new legitimating beliefs."

Allen drei Strategien gemein ist der Versuch der Schaffung eines hinreichend gemeinsamen Spielverständnisses aller beteiligten Akteure hinsichtlich der Legitimität von Vertrauenserwartungen einerseits und der Berücksichtigung von empirischen Handlungsbedingungen der Adressaten andererseits durch gemeinsame Lernprozesse. Das mit den drei Strategien verfolgte Ziel ist die bessere Koordination von Kooperationsbeziehungen durch homogene Entscheidungs- und Urteilsheuristiken der beteiligten Akteure. North und Denzau (1994, S. 13) sprechen in diesem Zusammenhang von „shared mental models".

---

[44] Zur Frage der Legitimität von Vertrauenserwartungen siehe insbesondere Lin-Hi (2009).
[45] Siehe hierzu auch Suchanek (2012a).

Wittenberg-Prozess als Beispiel für eine bessere Koordination von Kooperationsbeziehungen

Ein Beispiel für entsprechende Initiativen im Bereich der Wirtschaft ist der *Wittenberg-Prozess der Chemie-Sozialpartner*. Auf Basis der Diagnose, dass angesichts der wechselseitigen Abhängigkeit von Arbeitgebern und Arbeitnehmern ein hinreichend gemeinsames Spielverständnis aller Beteiligten die Grundlage für einen konstruktiven Dialog bildet, begleitet der Wittenberg-Prozess die „Arbeit an gemeinsamen Maßstäben, die ja eben nicht natürlicher Weise gegeben sind zwischen Arbeitgebern und Gewerkschaft." (Suchanek 2012b, S. 7). „In diesem Prozess geht es in Form zahlreicher Instrumente darum, sich der ethischen Maßstäbe des eigenen Handelns, sei es auf Seiten der Gewerkschaft oder auf Seiten der Arbeitgeber zu vergewissern und einen Dialog darüber zu führen, dass es die gleichen Maßstäbe sind, die man dem eigenen Handeln ebenso wie der Beurteilung des Handelns anderer zu Grunde legt." (Suchanek 2011b, S. 7).

Ein weiteres Beispiel ist das *Leitbild für verantwortliches Handeln in der Wirtschaft*.[46] Ziel des Leitbildes ist es, eine gemeinsame *Haltung* der Unterzeichner hinsichtlich der Verantwortung der Wirtschaft für die Gesellschaft und der Bedeutung von Vertrauenswürdigkeit in diesem Kontext zu entwickeln und zu dokumentieren. Eine solche gemeinsame Haltung der beteiligten Akteure ist in vielen Fällen nicht automatisch vorhanden, sie ist in einem fortlaufenden Kommunikationsprozess zu entwickeln, zu festigen und hinsichtlich ihrer praktischen Implikationen für die Formulierung von Vertrauenserwartungen aber auch für die Kooperations- und Wettbewerbsstrategie einzelner Unternehmen zu bewerten: „Damit diese Haltung von den Menschen als glaubwürdig erachtet wird, muss sie sich im Handeln der Entscheider und ihrer Unternehmen widerspiegeln; Worte und Taten müssen hinreichend übereinstimmen, als ‚konsistent' wahrgenommen werden." (Suchanek und Broock 2011, S. 3). Die Umsetzung der aus dem Leitbild abgeleiteten Maßnahmen sollten dementsprechend von einer konsistenten Kommunikationsstrategie begleitet werden (siehe auch Abschn. 5.3.6). Hierbei geht es um die offene und glaubwürdige Kommunikation der Unternehmen, einerseits über bereits getroffene Maßnahmen zur Verringerung von Inkonsistenzen, andererseits aber auch über die Grenzen der eigenen Handlungsfähigkeit angesichts empirischer (z. B. Wettbewerbs-) Bedingungen.[47]

Eine bedeutsame Herausforderung für das Gelingen entsprechender Initiativen besteht darin, dass ein gemeinsames Spielverständnis den Charakter eines öffentlichen Gutes aufweist: „Wenn einzelne Spieler ins allgemeine Spielverständnis investieren und durch Reduzierung faktischer und vermeintlicher Inkonsistenzen tatsächlich zur Ordnungsstabi-

---

[46] Siehe hierzu Suchanek und Broock (2011).

[47] Vgl. Suchanek und Broock (2011, S. 12 f.).

lität beitragen, kommt letztere auch all jenen zugute, die keine eigenen Beiträge erbringen."
(Broock 2012, S. 143 f.).[48]

**Wege zu einem gemeinsamen Spielverständnis: Integration, Adaption, Modifikation
& Manipulation**
Sofern aufgrund dieser Problematik die Investition in ein hinreichend gemeinsames Spielverständnis durch *Integration* verschiedener Sichtweisen nicht aussichtsreich erscheint,
können sich einzelne Akteure auch schlicht am Spielverständnis relevanter Partner orientieren, ohne dieses für sich zu übernehmen. Das dabei verfolgte Ziel ist lediglich die
Erlangung eines besseren Verständnisses der Denk- und Verhaltensmuster relevanter Akteure und die *Adaption* des eigenen Verhaltens.[49] Sofern das Spielverständnis relevanter
Interaktionspartner jedoch keine hinreichenden Voraussetzungen für gelingende Kooperationsbeziehungen bietet, kann entweder durch *Modifikation* des Interaktionsumfeldes ein
neuer Kreis von Interaktionspartnern erschlossen werden oder durch *Manipulation* versucht
werden, das eigene Spielverständnis als moralisch akzeptablen Orientierungspunkt für Andere zu etablieren, beziehungsweise neue gemeinsame Orientierungspunkte zu entwickeln.
Dabei wird unter anderem das Ziel verfolgt, Verständnis und Akzeptanz für das eigene Verhalten durch Kommunikation der zugrundeliegenden Handlungsmaximen (Werte, Credos)
an externe Interaktionspartner zu erreichen.

5.3.5 Kontrollaktivitäten

▶   Nach der Implementierung von Maßnahmen des Risikomanagements auf ver-
    schiedenen Problemebenen sind im nächsten Schritt *Kontrollmechanismen und
    -aktivitäten* zu etablieren, die geeignet sind, die Wirksamkeit der getroffenen
    Maßnahmen sicherzustellen. Es geht hierbei also um die Fähigkeit einer Orga-
    nisation, die definierten Selbstbindungsstrategien im betrieblichen Alltag zu
    befolgen, um die Falsifikation der eigenen Vertrauenswürdigkeit, verursacht
    durch relevante Inkonsistenzen, zu vermeiden.

Internes Kontrollsystem
Wie bereits im Zusammenhang mit der Implementierung von Risikomanagementmaß-
nahmen diskutiert, wird in der betrieblichen Praxis die Einhaltung von Regeln und
Vorschriften üblicherweise durch die Implementierung eines Internen Kontrollsystems
(IKS), etwa in Form manueller und automatisierter Prozesskontrollen in verschiedenen
Fachbereichen, sowie durch dessen Prüfung durch die interne Revision oder spezielle
Compliance-Verantwortliche umgesetzt.

---

[48] Grundlegend zur Problematik der öffentlichen Güter siehe auch Hardin (1968) und Olson
(1968/2004).

[49] Die Herausforderungen für die erfolgreiche Anwendung dieser Strategie liegen unter anderem in
der Entwicklung einer gewissen Sensibilität für entsprechende Signale anderer Akteure sowie für
intuitive und unbewusste Moralurteilsprozesse.

Section 404 der seit 2002 in den USA geltenden Bestimmungen des Sarbanes Oxley Act schreibt beispielsweise umfangreiche Regelungen für die Etablierung eines IKS sowie für die Dokumentation von dessen Wirksamkeit im Rahmen eines Internal Control Reports vor:

„The Commission shall prescribe rules requiring each annual report [. . .] to contain an internal control report, which shall

1. state the responsibility of management for establishing and maintaining an adequate internal control structure and procedures for financial reporting; and
2. contain an assessment [. . .] of the issuer, of the effectiveness of the internal control structure and procedures of the issuer for financial reporting." (SOA, Sec. 404, a)

Die Notwendigkeit für spezifische Kontrollstrukturen resultiert aus der Frage, ob getroffene Risikomanagementmaßnahmen im Alltag und unter harten Wettbewerbsbedingungen tatsächlich auf effektive und effiziente Weise zur Sicherstellung der eigenen Vertrauenswürdigkeit beitragen. Beispielsweise wäre zu prüfen, ob Versprechen nur dann gegeben werden, wenn eine hinreichend große Chance besteht, dass diese in der Zukunft tatsächlich eingehalten werden können.

Control Self Assessment

Als wichtiges Instrument zur Überwachung der Existenz und Wirksamkeit von Kontrollmechanismen hat sich in der Praxis die Selbstbeurteilung des operativen Managements (Control Self Assessment) bewährt. Sie ist ein beispielsweise über Interviews, Workshops oder Fragebögen durchgeführtes Verfahren zur ersten groben Risikobeurteilung anhand verschiedener Risikokategorien.

Das Control Self Assessment kann periodisch durch eine Risiko Governance Funktion (z. B. Risikomanagement) zum Beispiel basierend auf der zuvor eingeführten Unterteilung in drei analytische Ebenen durchgeführt werden:

- Spielzüge,
- Spielregeln,
- Spielverständnis.

In Abb. 5.8 wird ein beispielhafter Fragebogen für ein Control Self Assessment zum Umgang mit der eigenen Vertrauenswürdigkeit dargestellt. Die darin beispielhaft aufgenommenen Fragen lassen sich einfach mit weiteren „klassischen" Fragestellungen innerhalb eines Internen Kontrollsystems zusammenführen.

5.3.6   Kommunikation

▶   *Die Kommunikation* über identifizierte und als relevant bewertete Inkonsistenzen sowie über den Erfolg der getroffenen Maßnahmen ist eine weitere Aktivität im Bereich des Risikomanagements. Sie ist nicht als einzelner Prozessschritt zu verstehen, sondern als fortlaufende und begleitende Maßnahme.

Control Self Assessment – Fragebogen(Beispiel)

Stimme zu   neutral   Stimme nicht zu

1   Spielverständnis

1.1 Tone at the top

Das Management demonstriert durch sein alltägliches Verhalten die hohe Bedeutung von Integrität und Vertrauenswürdigkeit

1.2 Verhaltensstandards

Es wurden verständliche Orientierungspunkte hinsichtlich erwarteter Verhaltensweisen (z.B. zum Umgang mit Vertrauenserwartungen) und ethischer Standards geschaffen.

1.3 ...

2   Spielregeln

2.1 Compliance

Die Organisation stellt sicher, dass im Rahmen der Erreichung strategischer und operativer Ziele gesetzliche Normen einzuhalten und Vertrauenserwartungen zu berücksichtigen sind.

2.2 Anreizmechanismen

Die Organisation schafft geeignete Performance Indikatoren und Anreizmechanismen um die Umsetzung moralischer Standards und vertrauenwürdigen Verhaltens zu systematisieren.

2.3 ...

3   Spielzüge

3.1 Schaffung von Kompetenzen

Die Organisation schafft die benötigten Kompetenzen und stellt Ressourcen bereit, um Mitarbeiter im Tagesgeschäft zum professionellen Umgang mit moralischen Spannungsfeldern zu befähigen.

3.2...

Abb. 5.8 Beispiel eines Control Self Assessment Fragebogens

Die Unternehmenskommunikation zum Risikomanagement von relevanten Inkonsistenzen sollte keinesfalls als bloße argumentative Rechtfertigung für eigenes, möglicherweise nicht vertrauenswürdiges, Verhalten in der Vergangenheit verstanden werden. Die Konsistenz der eigenen Kommunikation und deren Relevanz für die Adressaten setzen voraus, dass neben den (üblicherweise als handlungsbeschränkend dargestellten) empirischen Wettbewerbsbedingungen des Unternehmens auch der Gegenstand und die Entstehung von empirischen Vertrauenserwartungen der Vertrauensgeber berücksichtigt werden. Morgan et al. (2002) empfehlen entsprechend eine mit den mentalen Modellen der Adressaten kompatible Risikokommunikation: „By definition, the audience for a communicaton lacks a complete understanding of its subject matter. Yet for most risks, people have at least some relevant beliefs, which they will use in interpreting the communication. [...] If they must make inferences about the risk [...] they will assemble their fragmentary beliefs into a ‚mental model‘, which they will then use to reach their conclusions." (2002, S. 21).[50] Diese praktische Erwägung weist einmal mehr auf die bereits zuvor betonte Bedeutung hinreichender Gemeinsamkeit der im Rahmen einer Vertrauensbeziehung interagierenden Akteure, beispielsweise hinsichtlich des grundlegenden Verständnisses der Bedeutung von Vertrauen für das Gelingen von Kooperationsbeziehungen, hin.[51]

Risikokommunikation kann sowohl innerhalb eines Unternehmens als auch zwischen einem Unternehmen und externen Akteuren stattfinden. Unternehmensinterne Kommunikationswege zwischen dem Risikoeigner in den jeweiligen Fachbereichen und der Leitungsebene des Unternehmens sollen die Verantwortlichkeiten für den Umgang mit Risiken klären und so eine schnelle Reaktion des Unternehmens auf Risiken im Zusammenhang mit relevanten Inkonsistenzen ermöglichen: „The organization should establish internal communication and reporting mechanisms in order to support and encourage accountability and ownership of risk." (ISO 2009, S. 12).

Dazu ist den betreffenden Unternehmensmitgliedern ein Verständnis über den Risikomanagementprozess und die ihnen darin zugedachte Rolle zu vermitteln. Zugleich ist sicherzustellen, dass relevante Risikoinformationen zeitnah und in geeigneter Form zu den entsprechenden Entscheidungsträgern gelangen. Ein möglichst vollständiges Bild ergibt sich dabei erst durch Berücksichtigung der Sichtweisen verschiedener interner Quellen. Um die Entscheidungsprozesse zu erleichtern, kann eine Konsolidierung von Risikoinformationen aus verschiedenen Quellen und Unternehmensbereichen durch Anwendung geeigneter Methoden hilfreich sein.

Die externe Kommunikation des Unternehmens mit der Öffentlichkeit dient indes der Vermittlung eines Verständnisses über vorhandene Spannungsfelder zwischen normativen Erwartungen und Wettbewerbsbedingungen sowie über den Umgang des Unternehmens mit diesen Spannungsfeldern und die dabei erzielten Ergebnisse. Dies umfasst sowohl die formelle Risikoberichterstattung an die Eigentümer des Unternehmens als auch die Kommunikation mit anderen gesellschaftlichen Akteuren, die potenziell von den Entschei-

---

[50] Zum Begriff der mentalen Modelle siehe auch North und Denzau (1994).
[51] Siehe hierzu auch die entsprechenden Ausführungen in Abschn. 5.3.4.

dungen und Handlungen des Unternehmens betroffen sind. Im Mittelpunkt steht dabei die Entwicklung einer geeigneten Kommunikationsstrategie über den Umgang mit der eigenen Vertrauenswürdigkeit. Suchanek (2012a, S. 62) beschreibt die „Herausforderung glaubwürdiger Kommunikation" anhand einer Asymmetrie zwischen:

a. dem Versuch der Verifikation der eigenen Vertrauenswürdigkeit und
b. dem Versuch der Vermeidung ihrer Falsifikation.

Demnach haben Maßnahmen zur Verifikation von Vertrauenswürdigkeit in der Regel einen geringeren Informationsgehalt als Maßnahmen zur Vermeidung ihrer Falsifikation: „Die Kommunikation von Maßnahmen, die Vertrauenswürdigkeit signalisieren, haben in der Regel keinen Informationswert [...]. Andererseits ist die Kommunikation von ausgebliebenen ‚Widerlegungen' [...] auch nur in Grenzen umsetzbar." (2012a, S. 62 f.).

Verifikation und Falsifikation der eigenen Vertrauenswürdigkeit – ein Beispiel

Verschiedene CSR Aktivitäten von Unternehmen können als Versuch der Verifikation von Vertrauenswürdigkeit interpretiert werden: „Unternehmen übernehmen hierbei dadurch Verantwortung, dass sie sich im Rahmen von Spenden, Sponsoring, Cause Related Marketing, Corporate Volunteering und anderes mehr für gemeinnützige Zwecke einsetzen" (Lin-Hi und Suchanek 2011b, S. 7). Die Vermeidung der Falsifikation der eigenen Vertrauenswürdigkeit erfordert hingegen die konsequente Nichtschädigung beteiligter Akteure und unbeteiligter Dritter (Suchanek 2012a).

▶ Die aktive Kommunikation über die eigene Vertrauenswürdigkeit ist angesichts des Spannungsfeldes von normativen Erwartungen und empirischen Wettbewerbsbedingungen eine keineswegs triviale Aufgabe: „Insbesondere sind Gestaltungs- und Kommunikationskompetenz miteinander zu verknüpfen, um zu gewährleisten, dass die Glaubwürdigkeit der internen wie externen Kommunikation gewährleistet ist und man nicht Erwartungen erzeugt, die nicht erfüllt werden können." (Suchanek 2007, S. 137).

5.3.7 Überwachung

▶ Moralisches Risikomanagement ist als Kreislaufprozess zu verstehen, der einer fortlaufenden Überwachung seiner Effektivität und Effizienz unterliegen sollte.[52]

---

[52] Vgl. beispielsweise COSO (2004, S. 4): „The entirety of enterprise risk management is monitored and modifications made as necessary."

Insbesondere sind Quellen für Inkonsistenzen sowie der Erfolg des Managements bereits identifizierter Inkonsistenzen ständig zu überwachen.

Der Überwachungsprozess sollte auch und gerade die inhaltlichen Ausgangspunkte des Risikomanagements, die in der Risikostrategie beschrieben werden, umfassen. Dazu zählen insbesondere:

- die Definition relevanter Kooperationspartner,
- die Entwicklung einer Kooperationsstrategie,
- die Sicherstellung der Wettbewerbsfähigkeit der Kooperationsstrategie und
- die Sicherstellung der Legitimität der Wettbewerbsstrategie hinsichtlich des Umgangs mit Vertrauenserwartungen.

Nur so kann der Bezug des Risikomanagements zum Kerngeschäft des Unternehmens dauerhaft gewährleistet werden. Hinsichtlich der Bedeutung der eigenen Vertrauenswürdigkeit für das Gelingen relevanter Kooperationsbeziehungen sind deshalb fortlaufend die Auswirkungen von Entscheidungen und Handlungen des Unternehmens auf direkte Kooperationspartner und unbeteiligte Dritte zu analysieren. Im Zusammenhang mit Unsicherheit und wechselseitigen Verhaltensabhängigkeiten sind weiterhin fortlaufend Vertrauenserwartungen zu antizipieren und mit der eigenen Kooperations- und Wettbewerbsstrategie in Einklang zu bringen. Hierbei identifizierte Quellen von Inkonsistenzen zwischen Vertrauenserwartungen und Wettbewerbsstrategie sind schließlich in die Routinen des Risikomanagementprozesses einzuführen.

Neben der Effektivität und der Effizienz der getroffenen Maßnahmen sollte auch der Erfolg der gewählten Kommunikationsstrategie über den Umgang des Unternehmens mit wahrgenommenen Inkonsistenzen einer permanenten Analyse unterzogen werden.

▶   Da die vollständige Vermeidung von Inkonsistenzen aufgrund der Dynamik globaler marktwirtschaftlicher Systeme unrealistisch erscheint, kann der Erfolg einer Strategie zum Management moralischer Risiken letztlich nur in der gesellschaftlichen Akzeptanz des *systematischen* Umgangs von Unternehmen mit relevanten Inkonsistenzen gesehen werden.

Ein geeigneter Maßstab hierfür könnte ein gemeinsames Verständnis der beteiligten Akteure über die Angemessenheit des implementierten Prozesses zum Umgang mit relevanten Inkonsistenzen sein.

Organisation der Risikoüberwachung

Organisatorisch kann die Risikoüberwachung gemäß dem sogenannten Three-Lines of Defense Modell anhand von drei Verteidigungslinien konzeptioniert werden.[53] Abbildung 5.9

---

[53] Zum Three Lines of Defense-Modell siehe bspw. ISACA (2011) und Lyons (2011).

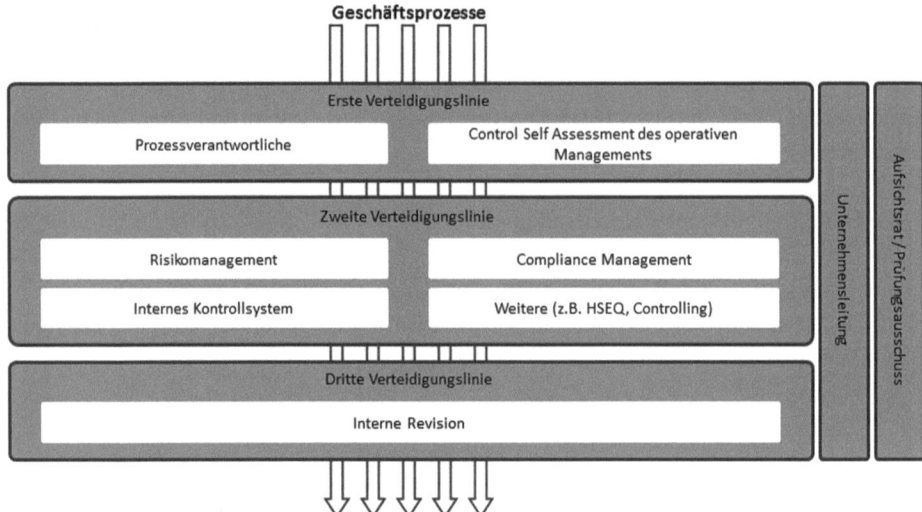

Abb. 5.9 Three Lines of Defense Modell

stellt die im Modell relevanten Risiko Governance Funktionen und ihr Zusammenspiel beispielhaft dar.

1. Die erste Verteidigungslinie bildet das operative Management des Unternehmens als Risikoeigner. Es ist verantwortlich für die Implementierung von geeigneten Prozessen zur fortlaufenden Identifikation, Bewertung, Steuerung und Überwachung von moralischen Risiken. Beispielsweise sind die Marketing- und Vertriebsmanager häufig zuständig für die Kommunikation von (beispielsweise Leistungs-) Versprechen des Unternehmens an Kunden und sollten dabei sicherstellen, das gegebene Versprechen auch tatsächlich erfüllt werden können, um die Entstehung von relevanten Inkonsistenzen zu vermeiden.
2. Die zweite Verteidigungslinie wird vom Risikomanagement und verschiedenen Compliance Funktionen im Unternehmen gebildet. Sie haben die Aufgabe, die operativen Risikoeigner methodisch bei der Implementierung von effektiven und effizienten Risiko-Kontroll-Strukturen zu unterstützen und die erzielten Ergebnisse regelmäßig an Vorstand und Aufsichtsrat zu kommunizieren.
3. Die Prüfung der bestehenden Risikosteuerungs- und Risikoüberwachungssysteme eines Unternehmens hinsichtlich ihrer Effizienz und Effektivität erfolgt durch die dritte Verteidigungslinie, die Interne Revision. Entsprechend dem Revisionsprogramm berichtet sie an die Unternehmensleitung über die Umsetzung der Risikostrategie im Unternehmen und über den Erfolg der in der ersten und zweiten Verteidigungslinie getroffenen Kontrollmaßnahmen.

Literatur

Ansoff, H. I. (1976). Managing strategic surprise by response to weak signals. *California Management Review, 18*(2), 21–33.

Aula, P. (2010). Social media, reputation risk and ambient publicity management. *Strategy and Leadership, 38*(6), 43–49.

Beasley, M. S., Branson, B. C., & Hancock, B. V. (2010). Developing key risk indicators to strengthen enterprise risk management. In Committee of Sponsoring Organizations of the Treadway Commission (COSO) (Hrsg.), *Thought leadership in ERM. Embracing enterprise risk management*. Chicago.

Bok, S. (1980). Whistleblowing and professional responsibility. *New York University Education Quarterly, 11*(4), 2–10.

Brennan, G., & Buchanan, J. M. (1985). *Die Begründung von Regeln. Konstitutionelle politische Ökonomie*. Tübingen: Mohr Siebeck Verlag.

British Standard Institution. (2012). What is a standard? http://www.bsigroup.com/en/Standards-and-Publications/About-standards/What-is-a-standard. Zugegriffen: 02. Okt. 2012.

Broock, M. von (2012). *Spielzüge, Spielregeln, Spielverständnis – Eine Investitionsheuristik für die soziale Ordnung*. Marburg: Metropolis.

Brühwiler, B., & Romeike, F. (2010). *Praxisleitfaden Risikomanagement – ISO 31000 und ONR 49000 sicher anwenden*. Berlin: Erich Schmidt Verlag GmbH & Co.

Buchanan, J. M. (1975). *Die Grenzen der Freiheit*. Tübingen: Mohr Siebeck Verlag. (1984).

Cressey, D. R. (1953). *Other people's money: A study in the social psychology of embezzlement*. Glencoe: Free.

Dobler, T. (2011). Ausbau des Risikomanagement- und Compliance-Systems in besonders schwierigem Unternehmensumfeld. *Krisen- Sanierungs- und Insolvenzberatung, 2*, 64–68.

Falk, A., Fehr, E., & Fischbacher, U. (2005). Driving forces behind informal sanctions. *Econometrica, 73*(6), 2017–2030.

Fricke, J. (2006). *Value-at-Risk Ansätze zur Abschätzung von Marktrisiken*. Wiesbaden: Westdeutscher Verlag GmbH.

Gunningham, N., & Rees, J. (1997). Industry self-regulation: An institutional perspective. *Law and Policy, 19*(4), 363–414.

Hardin, G. (1968). The tragedy of the commons. The population problem has no technical solution; it requires a fundamental extension in morality. *Science, 162*(3859), 1243–1248.

Harrington, S., & Niehaus, G. (2003). *Risk management and insurance*. New York: McGraw-Hill.

Hauff, S. (2009). Konzeptionen der Früherkennung. Diskussionspapiere des Schwerpunktes Unternehmensführung am Fachbereich BWL der Universität Hamburg, 2.

Healy, P.M., & Palepu, K. G. (2001). Information asymmetry, corporate disclosure, and the capital markets: A review of the empirical disclosure literature. *Journal of Accounting and Economics, 31*(1–3), 405–440.

Hielscher, S. (2011). Morality as a factor of production: Moral commitments as strategic risk management. In I. Pies & P. Koslowski (Hrsg.), *Corporate citizenship and new governance. Studies in economic ethics and philosophy* (40. Jg., S. 117–132).

Homann, K. (1990). Wettbewerb und Moral. In C. Lütge (Hrsg.), *Vorteile und Anreize: Zur Grundlegung einer Ethik der Zukunft* (S. 23–44). Tübingen: Mohr Siebeck. (2002).

Homann, K., & Blome-Drees, F. (1992). *Wirtschafts- und Unternehmensethik*. Göttingen: Utb.

Homann, K., & Suchanek, S. (2005). *Ökonomik – Eine Einführung* (2. Aufl.). Tübingen: Mohr Siebeck.

Information Systems Audit and Control Association (ISACA) (Hrsg.). (2011). The three lines of defence related to risk governance. *ISACA Journal, 5*, 1–3.

International Organization for Standardization (ISO) (Hrsg.). (2009) *Risk management – Principles and guidelines*. Genf. (ISO 31000:2009).

Jaques, T. (2007). Issue management and crisis management: An integrated, non-linear, relational construct. *Public Relations Review, 33*(2), 147–157.

Kreps, D. M. (1990). Corporate culture and economic theory. In J. E. Alt & K. A. Shepsle (Hrsg.), *Perspectives on positive political economy* (S. 90–143). Cambridge: Cambridge University Press.

Krystek, U. (1990). Controlling und Frühaufklärung. *Controlling, 2*(2), 68–76.

Lambert, R., Leuz, C. & Verrecchia, R. E. (2007). Accounting information, disclosure, and the cost of capital. *Journal of Accounting Research, 45*(2), 385–420.

Layard, R. (2005). *Die glückliche Gesellschaft – Kurswechsel für Politik und Wirtschaft*. Frankfurt a. M.: Campus

Lin-Hi, N. (2009). *Eine Theorie der Unternehmensverantwortung: Die Verknüpfung von Gewinnerzielung und gesellschaftlichem Interesse*. Berlin: Erich Schmidt Verlag GmbH & Co.

Lin-Hi, N., & Suchanek, A. (2011a). Corporate Social Responsibility als Integrationsherausforderung: Zum systematischen Umgang mit Konflikten zwischen Gewinn und Moral. *Zeitschrift für Betriebswirtschaftslehre, 81*(1), 63–91.

Lin-Hi, N., & Suchanek, A. (2011b). *Corporate Social Responsibility und die Nachhaltigkeit von Unternehmen: Implikationen des gesetzesartigen Charakters von Vertrauenswürdigkeit*. Mannheim: Unveröff. Ms.

Loew, H.-C. (1999). Frühwarnung, Früherkennung, Frühaufklärung – Entwicklungsgeschichte und theoretische Grundlagen. In M. Henckel von Donnersmarck, R. Schatz, & P. Aschmoneit (Hrsg.), *Frühwarnsysteme* (S. 19–47). Bonn: InnoVatio-Verlag.

Lyons, S. (2011). Corporate oversight and stakeholder lines of defense. *The Conference Board Executive Action Report, 365*.

Morgan, M.G., Fischhoff, B., Bostrom, A., & Atman, C. (2001). *Risk communication: The mental models approach*. New York: Cambridge University Press.

North, D. C., & Denzau, A. T. (1994). Shared mental models: Ideologies and institutions. *Kyklos, 47*(1), 3–31.

Olson, M. (1968). *Die Logik des kollektiven Handelns* (5. Aufl.). Tübingen: Mohr Siebeck. (2004).

Pies, I. (2007). *Unternehmensethik in der Marktwirtschaft: Moral als Produktionsfaktor. Diskussionspapier des Lehrstuhls für Wirtschaftsethik an der Martin-Luther-Universität Halle-Wittenberg*. Nr. 17. Halle.

Porter, M. E. (1985). *Competitive advantage: Creating and sustaining superior performance*. New York: Free.

Porter, M. E. (2001). The value chain and competitive advantage. In D. Barnes (Hrsg.), *Understanding business: Processes* (S. 50–66). London.

Ray, S. L. (2006). Whistleblowing and organizational ethics. *Nursing Ethics, 13*(4), 438–445.

Sammeck, J. (2011). Discussing industry self-regulation: The contribution of a transactional and institutional perspective. In Wittenberg-Zentrum für Globale Ethik e. V. (Hrsg.), Diskussionspapier Nr. 3.

Sammeck, J. (2012). *A new institutional economics perspective on industry self-regulation*. Wiesbaden: Gabler.

Schiel, C. (2013). Vertrauenswürdigkeit als Gestaltungsaufgabe für Unternehmen. *Zeitschrift Führung + Organisation, 82*(4), 267–272.

Sprenger, R. K. (2012). *Radikal führen*. Frankfurt a. M.: Campus Verlag GmbH

Steinberg, R., Everson, M., Martens, F. J., & Nottingham, L. E. (2004). Enterprise risk management – Integrated framework. In *Committee of Sponsoring Organizations of the Treadway Commission* (COSO) (Hrsg.). Onlinepublikation.

Suchanek, A. (2007). *Ökonomische Ethik* (2. Aufl). Tübingen: UTB.

Suchanek, A. (2011a). Führungsethik. In R. Stock-Homburg & B. Wolff (Hrsg.), *Handbuch Strategisches Personalmanagement* (S. 277–290). Wiesbaden.

Suchanek, A. (2011b). Freiheit braucht Bindung.In Wittenberg-Zentrum für Globale Ethik e. V. (Hrsg.), Diskussionspapier Nr. 4.

Suchanek, A. (2012a). Vertrauen als Grundlage nachhaltiger unternehmerischer Wertschöpfung. In A. Schneider & R. Schmidpeter (Hrsg), *Corporate Social Responsibility – Verantwortungsvolle Unternehmensführung in Theorie und Praxis* (S. 55–66). Berlin: Springer.

Suchanek, A. (2012b). Vertrauen in die Führungseliten aus Sicht der Wissenschaft. In Wittenberg-Zentrum für Globale Ethik e. V. (Hrsg.), Diskussionspapier Nr. 3.

Suchanek, A., & Broock, M. von (2008). Wertemanagement und Konsistenz. In Bertelsmann Stiftung (Hrsg.), *Wertemanagement und Wertschöpfung in Unternehmen: Fallstudien international erfolgreicher Unternehmen*. Gütersloh: Bertelsmann Stiftung.

Suchanek, A., & Broock, M. von (2011). Konzeptionelle Überlegungen zum Leitbild für verantwortliches Handeln in der Wirtschaft. In Wittenberg-Zentrum für Globale Ethik e. V. (Hrsg.), Diskussionspapier Nr. 2.

Suchman, M. C. (1995). Managing legitimacy: Strategic and institutional approaches. *Academy of Management Review, 20*(3) 571–611.

Unger, T. (2006). Innovation oder Scheininnovation: Das ist die Frage. *Medizinische Klinik – Intensivmedizin und Notfallmedizin, 101*(3), 257–262.

Varian, H. R. (2004). *Grundzüge der Mikroökonomik* (6. Aufl). München: Oldenbourg Wissenschaftsverlag.

Wicksell, K. (1896). *Finanztheoretische Untersuchungen nebst Darstellung und Kritik des Steuerwesens Schwedens*. Jena: Wirtschaft und Finanzen.

Wieland, J. (2001). Eine Theorie der Governanceethik. *Zeitschrift für Wirtschafts- und Unternehmensethik, 2*(1), 8–33.

Wieland, J., & Fürst, M. (2002). *WerteManagement – Der Faktor Moral im Risikomangement*. KIeM Working Paper Series, Nr. 1.

Winter, P. (2007). Risikomanagement-Standards als Leitfaden für formalisierte Unternehmens-Risikomanagementsysteme – Überblick und Bewertung. *Zeitschrift Risk, Fraud & Governance, 2*(4), 149–155.

Wöhe, G. (2002). *Einführung in die Allgemeine Betriebswirtschaftslehre* (21. Aufl). München: Vahlen.

Wolke, T. (2008). *Risikomanagement* (2. Aufl). München: Oldenbourg Wissenschaftsverlag Verlag.

Wulf, T., Brands, C., & Meißner, P. (2010). *A scenario-based approach to strategic planning: Tool description – 360° Stakeholder Feedback*. HHL Arbeitspapier, Nr. 101. Leipzig: Leipzig HHL Leipzig Graduate School of Management.

Empfehlungen für die Implementierung eines Risikomanagementprozesses

6

Die Erfüllung moralischer Erwartungen ihrer Stakeholder ist für Unternehmen zugleich mit Kooperationschancen und Wettbewerbsrisiken verbunden, während ihre Nichterfüllung zu Wettbewerbschancen, aber auch zu Kooperationsrisiken führen kann. Es wurde ein Defizit an geeigneten Managementansätzen festgestellt, mit Hilfe derer Unternehmen im betrieblichen Alltag effizient und effektiv mit den beschriebenen Spannungsfeldern umgehen und Überforderungssituationen ihrer Führungskräfte vermeiden können.

Da sowohl die Erfüllung als auch die Nichterfüllung von moralischen Erwartungen unter Wettbewerbsbedingungen mit Chancen und Risiken verbunden sind, sollte ein geeigneter Managementansatz risikoorientiert ausgerichtet sein. Weder die pauschale Erfüllung aller Erwartungen noch ihre pauschale Zurückweisung können deshalb entsprechend den hier erhaltenen Erkenntnissen als nachhaltige Strategien bewertet werden. Ebensowenig sind reine Kommunikationsstrategien geeignet, auftretende Konflikte nachhaltig zu bewältigen.

▶ Moralisches Risikomanagement ist als originäre Gestaltungsaufgabe zu verstehen, die durch eine geeignete Kommunikationsstrategie zu ergänzen ist.

Um den in der Praxis zu beobachtenden Aufbau zusätzlicher Stabsfunktionen für Nachhaltigkeit, Stakeholdermanagement oder Corporate Social Responsibility besser zu strukturieren, wird empfohlen, das Management moralischer Risiken in die bestehenden Risiko Governance Funktionen einzubetten. Dazu zählen:

- Risikomanagement
- Internes Kontrollsystem
- Compliance Management

© Springer-Verlag Berlin Heidelberg 2014
C. Schiel, *Management moralischer Risiken in Unternehmen*,
DOI 10.1007/978-3-642-41381-0_6

- Interne Revision
- Weitere (z. B. Qualitätsmanagement, Controlling, etc.)

Eine entsprechende Ausweitung der jeweiligen Aufgabenfelder erfordert jedoch den Aufbau wichtiger Kompetenzen, insbesondere zur Erfassung moralökonomischer Spannungsfelder, zur Auswahl und Implementierung geeigneter Maßnahmen, zur Überwachung ihrer Wirksamkeit und zur Kommunikation der erzielten Ergebnisse.

Hieraus leiten sich bereits die Leitlinien eines umfassenden *Prozesses zum Management moralischer Chancen und Risiken im betrieblichen Alltag* ab. Aufgrund der Dynamik gesellschaftlicher Entwicklungen im Allgemeinen und ökonomischer Bedingungen im Speziellen erscheint eine dauerhafte und vollständige Kongruenz von moralischen Erwartungen und unternehmerischen Handlungen unter Wettbewerbsbedingungen im Alltag nicht immer realisierbar. Ein *prozeduraler Ansatz zur Wahrnehmung unternehmerischer Verantwortung* fokussiert deshalb nicht primär auf die Erreichung eines angestrebten moralischen Zustandes, sondern auf Prozesse und Strukturen zur Ermöglichung organisationaler Legitimität in einem betriebswirtschaftlichen Kontext in einer sich ständig wandelnden Umwelt.

Die Implementierung von Risikomanagementprozessen und -strukturen kann zudem eine wichtige Quelle von Wettbewerbsvorteilen sein. Diese basieren auf unterschiedlich ausgeprägten Fähigkeiten von Unternehmen zum effektiven und effizienten Management von moralischen Risiken, was letztlich in unterschiedlich hohen Risikokosten (= aufgewendete Mittel für Risikomanagement + Kosten durch eingetretenen (z. B. Reputations-) Risiken) zum Ausdruck kommt. Für das Risikomanagement des Vermögenswertes Vertrauen wurden auf Basis des in der Praxis etablierten COSO Enterprise Risk Management – Integrated Framework schließlich die Grundlinien eines alltagstauglichen Prozesses zum Umgang mit relevanten Inkonsistenzen zwischen moralischen Erwartungen und Unternehmenshandlungen in einem Wettbewerbskontext skizziert. Hierzu wird ein dreistufiges Vorgehen empfohlen:

Prozesses zum Umgang mit relevanten Inkonsistenzen zwischen moralischen Erwartungen und Unternehmenshandlungen im Wettbewerbskontext:

1. **Kooperationsstrategie entwickeln**
   Relevante Kooperationspartner identifizieren und Strategie für gelingende Kooperation zum Vorteil aller Beteiligten unter Vermeidung der Schlechterstellung unbeteiligter Dritter entwickeln.

2. **Wettbewerbsfähigkeit der Kooperationsstrategie sicherstellen**
   Auswirkungen von Wettbewerb auf die Umsetzbarkeit der Kooperationsstrategie analysieren und geeignete Maßnahmen zur Sicherung der Wettbewerbsfähigkeit treffen.

3. **Ziele für das Risikomanagement ableiten**

Vertrauenserwartungen der Kooperationspartner (sowie unbeteiligter Dritter) analysieren und mögliche Inkonsistenzen zwischen diesen Vertrauenserwartungen und der gewählten Wettbewerbsstrategie identifizieren, bewerten, steuern, überwachen und Ergebnisse kommunizieren

Die Ergebnisse der Risikoanalyse zeigen schließlich sinnvolle Wege zum Umgang mit identifizierten Risiken auf. Hierfür wurden drei analytische Ebenen betrachtet:

- Spielzüge
- Spielregeln
- Spielverständnis

Der dahinter liegende Kerngedanke ist, dass moralische Spannungsfelder auf der richtigen Problemlösungsebene behandelt werden müssen, um zu vermeiden, dass einzelne Unternehmen überfordert werden und wirtschaftliche Nachteile gegenüber Wettbewerbern erleiden. Die drei genannten Problemlösungsebenen (Spielzug, Spielregel und Spielverständnis) bieten jeweils verschiedene Instrumente zum Management moralischer Risiken. Beispielhaft wurden hierfür Vorlagen und Muster für die Anwendung in der Praxis erarbeitet.

Sachverzeichnis

© Springer-Verlag Berlin Heidelberg 2014
C. Schiel, *Management moralischer Risiken in Unternehmen,*
DOI 10.1007/978-3-642-41381-0

MIX
Papier aus verantwortungsvollen Quellen
Paper from responsible sources
FSC® C105338

FSC
www.fsc.org

If you have any concerns about our products,
you can contact us on
ProductSafety@springernature.com

In case Publisher is established outside the EU,
the EU authorized representative is:
Springer Nature Customer Service Center GmbH
Europaplatz 3, 69115 Heidelberg, Germany

Printed by Libri Plureos GmbH
in Hamburg, Germany